Markus C. Kerber

WEHRT EUCH, BÜRGER!

Wehrt euch, Bürger!

Wie die Europäische Zentralbank unser Geld zerstört

Markus C. Kerber

FBV

Bibliografische Information der Deutschen Nationalbibliothek

Die Deutsche Nationalbibliothek verzeichnet diese Publikation in der Deutschen Nationalbibliografie. Detaillierte bibliografische Daten sind im Internet über **http://dnb.d-nb.de** abrufbar.

Für Fragen und Anregungen:
info@finanzbuchverlag.de

1. Auflage 2015

ein Imprint der Münchner Verlagsgruppe GmbH,
Nymphenburger Straße 86
D-80636 München
Tel.: 089 651285-0
Fax: 089 652096

Umschlaggestaltung: Kristin Hoffmann, München
Umschlagabbildung: iStock Foto
Satz: Daniel Förster, Belgern
Druck: CPI books GmbH, Leck
Printed in Germany

ISBN Print 978-3-89879-925-6
ISBN E-Book (PDF) 978-3-86248-763-9
ISBN E-Book (EPUB, Mobi) 978-3-86248-764-6

Weitere Informationen zum Verlag finden Sie unter

www.finanzbuchverlag.de

Inhalt

	Vorwort	9
1. Kapitel	Der Aprilscherz	15
2. Kapitel	Wie weit geht die Macht der EZB?	25
3. Kapitel	Die Kosten des Nullzinses. Oder: Die Enteignung der Sparer	37
4. Kapitel	Quantitative Easing: Vorspiel zum finanziellen Harmagedon?	51
5. Kapitel	Schafft die EZB die Marktwirtschaft ab?	67
6. Kapitel	Wie geht es weiter mit der EZB?	75
Epilog	Ohnmächtig in Richtung Kollaps oder offensiv für die Abwicklung der EZB?	81
	Anlage	109
	Über den Autor	121

In respektvoller Erinnerung an Klaus Bölling (1928 – 2014),
den Meister deutscher Sprachkunst.

Vorwort

Die Eurozone steht vor einer Zerreißprobe, die das Schicksal der europäischen Integration entscheidet: Wird die Europäische Währungsunion (EWU) eine Zone des Wachstums sein, die den ostasiatischen Produzenten Paroli bieten kann, oder wird sie zu einer Transfergemeinschaft, in der einige die Rechnung für viele zahlen müssen, so dass auch die momentan noch Starken ihre Konkurrenzfähigkeit verlieren? Wenn aufgrund zu hoher finanzieller Hilfezusagen dann auch ihre Staatspapiere die Bonität verlieren, kann selbst die unerschütterlichste Treue des Nordens für den Süden nichts mehr retten. Denn während in der EWU Megabeträge für die Pflege der Solidarität verloren gehen, setzen die globalen Wettbewerber vergleichbare Mittel für die Stärkung ihrer Leistungskraft ein. Für die Europäische Union stellt sich also die Frage: Bleibt sie global im Rennen, oder wird ihr still vergreisender Norden zum Sozialamt für den unhaltbar abrutschenden Süden, wo gleichwohl der Hass blüht, weil nicht noch mehr Geld kommt?

Bundeskanzlerin *Merkel* erkennt mittlerweile, dass sie angesichts des Griechenland-Debakels ihren Wählern diesen Kurs ökonomisch nicht mehr plausibel erklären kann. Man zieht zähneknirschend noch mit, um nicht als böser Deutscher dazustehen. Deshalb kommt von ihr immer weniger Widerstand gegen das Einreißen rechtlicher Schutzwälle um die Währungsstabilität. Auf dem Dezember-Gipfel 2011 konnte sie noch die Mehrheit der europäischen Partner – bis auf Großbritannien und die Tschechische Republik – von der

Implementierung einer Schuldenbremse in die nationalen Verfassungen nach deutschem Vorbild überzeugen. Auf dem März-Gipfel 2012 wurde dieser »Fiskalpakt«, obwohl nach dem Unionsrecht Einstimmigkeit erforderlich gewesen wäre, von lediglich 25 EU-Mitgliedstaaten als zwischenstaatliche Vereinbarung beschlossen. Da dieser rechtlich fragwürdige Ersatz für den gescheiterten Stabilitäts- und Wachstumspakt – abgesehen von den bestehenden Umsetzungsspielräumen für den nationalen Gesetzgeber – genügend Schlupflöcher enthält, um den Sanktionsmechanismen bei Verletzung der Stabilitätskriterien zu entkommen, ist der Weg in die »Vereinigten Schuldenstaaten von Europa« keinesfalls abgewendet. Im Gegenteil: Die politischen Eliten verdrängen weiterhin die Ursachen, die zu dieser Situation geführt haben, und der französische EU-Kommissar für Währung und Finanzen *Moscovici* sorgt dafür, dass gerade für sein eigenes Land Stabilitätsregeln bis auf weiteres nicht mehr gelten. Wenn ein Staat wie Griechenland über Jahrzehnte seinen Wohlstand aus Schulden finanziert und auf deren Übernahme durch die Nachbarn spekuliert, erlischt die Zahlungsbereitschaft. Wenn das in weiteren Staaten Schule macht, verschwindet die Zahlungsfähigkeit.

Die EWU-Regierungen operieren wie die Häuptlinge von Stammesverbänden, die durch Wohlbefinden für alle die Loyalität unter Anverwandten aufrechterhalten müssen. Die Bürger in ihren Staaten aber müssen sich in Geschäftsbeziehungen bewähren, was eiserne Kontrakttreue voraussetzt. Sie verlieren den Mut, wenn man durch Überforderungen für Transferzahlungen ihre Fähigkeit zur wirtschaftlichen Vertragserfüllung gefährdet.

Obwohl auch der Lissabon-Vertrag *de lege lata* eine Vertiefung der Integration nur unter der Bedingung zulässt, dass »die Entscheidungen entsprechend dem Subsidiaritätsprinzip möglichst bürgernah getroffen werden«, treibt die Kommission ihren Kurs der »tieferen, stärkeren Union« gegen den demokratischen Bürgerwillen voran. So darf der Gedanke eines möglichen Ausscheidens des einen oder anderen Eurolandes aus der gemeinsamen Währung kaum ausgesprochen werden. Wer die ökonomische Realität beim Namen nennt, wird als rückwärts gewandter Nationalist dem Rufmord preisgegeben.

Während die Politik vorgibt, die Eurozone in ihrer jetzigen Form mit hektischer Gipfeldiplomatie retten zu können, signalisieren die Märkte, wie sie sich die zukünftige Währungsunion vorstellen: Aus Sicht der Investoren gehört Griechenland mangels guter Sicherheiten für Eigenkapitale und Pfänder schon lange nicht mehr dazu. Auch in anderen Ländern wie Zypern fehlen die Vermögensvoraussetzungen für die Teilhabe an einer Hartwährungsgemeinschaft. Die europäische Kulturgrenze unterschiedlicher Währungs-Philosophien ist Jahrhunderte alt und tief im Bewusstsein der Bevölkerungen verankert. Die Handlungsmaxime der Nordschiene lautet: Erstklassige Besicherung von Geld und Kredit, um Währungsstabilität für Investitionen zu erlangen, die ja zurückzuzahlende Schulden sind. In der Südschiene werden die Mittel für öffentliche Ausgaben durch die Zulassung schlecht bedienbarer Staatstitel als Pfänder bei den Zentralbanken beschafft. Dafür wird der dauernde Verfall der Währung durch verschlechterte Wechselkurse hingenommen.

Die strikten Sparvorschriften der rechtlich bindenden europäischen Verträge bedeuten für die Völker der Weichwährungsländer einen schmerzlichen Einschnitt in ihre bisherige Lebensweise – ihr Protest ist daher nachvollziehbar. In den Ländern der Hartwährungszone dagegen wird die Inflation als Diebstahl am kleinen Mann gefürchtet. Dabei ist der Umbau der EWU zu einem Verbund lediglich solcher Zentralbanken, die bei Eigenkapitalen und Kollateralen absolut gleiche Standards einhalten können, keineswegs das Ende des Euro. Die EZB jedoch, momentan Feuerwehr in einem brennenden

Haus, hat sich mit ihrer seit Mai 2010 geübten Praxis des Anleihekaufs sowie der Aussetzung der Bonitätsschwellenwerte für griechische, irische und portugiesische Staatsanleihen, und schließlich mit dem OMT-Programm sowie dem QE auf ein Terrain begeben, das weit außerhalb ihres rechtlichen Mandates liegt. Der EZB-Präsident *Draghi* hat seit seinem ersten Arbeitstag diese Politik bestätigt und ausgeweitet.

Die EZB wird vom *lender of last resort* gegen höheren Zins und erstklassige Sicherheiten zum Nullzinsverborger sowie zum *buyer of last resort* von Staatspapieren, die auf den Märkten zum Nennwert nicht verkäuflich sind. Sie genehmigt die Geldschöpfung Griechenlands durch immer neue ELA-Kredite. Diese Rechtsbrüche, die selbst Repräsentanten der Bundesbank mutig offenbart haben, ereignen sich permanent, also im Fortsetzungszusammenhang. Sie sind auch *ultra vires*, denn das geldpolitische Mandat der EZB zielt auf Preisstabilität. Mit ihren seit bereits fünf Jahren gepflegten »temporären« Maßnahmen betreibt die EZB aber Fiskalpolitik, also nicht die Versorgung von leistungsfähigen Kreditnehmern, sondern von nichtleistenden Finanzministern. Das erkennt auch das Bundesverfassungsgericht.

Zudem verfälscht die EZB die Kapitalmärkte, weil sie Ramschpapiere hochpreist, für die es ansonsten Käufer nicht gäbe. Sie verschleiert damit den viel niedrigeren Realpreis. Auf diesen aber müssen am Ende die verbuchten Positionen herunterkorrigiert werden. Das bewirkt Massenbankrotte, weil die jetzt überpreisten Staatspapiere in den Eigenkapitalen zahlreicher Zentralbanken, Geschäftsbanken, aber auch großer Firmen stecken. Gegen diese flächendeckende Auslöschung von Eigenkapitalen ist der jetzt so gefürchtete Grexit ein laues Lüftchen, nach dem man sich bald zurücksehnen wird. Die Staaten-Gemeinschaft zerbricht dann schnell und chaotisch, weil auch die Retter Atemnot bekommen und panisch die sie immer weiter würgenden Fremdlasten abwerfen wollen. Gewiss ahnungslos, aber doch mit unheimlicher Stetigkeit arbeiten die Schnürer all der Pakete mit den nördlichen Rettungs-Billionen am Untergang der Europäischen Union. Dagegen sind es gerade die als Reaktionäre verleumdeten Kritiker, deren Vorschläge für eine Heilung der Währung auch politischen Groß-Allianzen innerhalb der Alten Welt wieder eine Zukunftsperspektive verschaffen.

Prof. Dr. Dr. Gunnar Heinsohn[1]

---

1 Gunnar Heinsohn begründete mit Otto Steiger die Eigentumsökonomie, vgl. Heinsohn/Steiger, Ownership Economics: On the Foundations of Interest, Money, Markets, Business Cycles and Economic Development (Routledge of Political Economy) edited by Frank Decker, London 2013.

»Neben der Angemessenheit der Eigenkapitalausstattungen genießt die Überwachung der Liquidität der besonders gefährdeten Banken weiterhin höchste Priorität. Die Aufsichtsbehörden treffen sich regelmäßig mit Banken, deren Liquiditätsversorgung sich verschlechtert, und können den Banken gegebenenfalls zusätzliche Anforderungen auferlegen.«

Danièle Nouy[2]

1. Kapitel: Der Aprilscherz

Ein Buch, zudem ein sehr kritisches Buch über die EZB, muss auch vom Präsidenten dieser Institution handeln. *Mario Draghi* prägt, im Unterschied zu seinem Vorgänger *Trichet*, mit seiner autoritär-dynamischen Gangart einen neuen Stil in der Währungsunion. Der am *Massachusetts Institute of Technology (MIT)* ausgebildete Ökonom, früher bei *Goldman Sachs* tätige Investmentbanker und verdienstvolle Stabilitätspolitiker in Italien, insbesondere als Direktor des Schatzamtes[3], bemüht sich nur dann um Konsens, wenn er eine Chance sieht, dass sich alle ihm anschließen. Über die Folgen des Verzichts auf den von *Trichet* so kunstvoll gehegten Konsens wird an anderer Stelle zu reden sein. Denn dieses Buch will nicht mit *Mario Draghi* anfangen, sondern mit seiner Bankenaufseherin. Frau *Danièle Nouy*, eine gertenschlanke Bankaufsichtsexpertin aus der *Banque de France* mit Pariser Manieren, hat fast unbeobachtet von der großen Öffentlichkeit, aber mit sichtbarer Unterstützung der Pariser Machthaber und ihrem

2 Vorwort zum EZB-Jahresbericht zur Aufsichtstätigkeit 2014, März 2015, S.8.

3 Draghi setzte sich als solcher stets für eine stabilitätsorientierte Haushaltspolitik ein.

Kollegen im Direktorium der EZB, *Benoit Coeuré*, ein ganz neues Kapitel in der Geschichte der EZB aufgeschlagen: die Bankenaufsicht durch eine supranationale Zentralbank. Frau *Nouy*, die es während ihres langjährigen Aufenthalts in Basel nicht geschafft hat, Deutsch zu lernen, will in Frankfurt gleich zu Beginn ihrer Amtszeit neue Akzente setzen. Sie versichert bei der Präsentation ihres ersten Jahresberichtes[4], dass die EZB nunmehr strenger und unvoreingenommener die Aufsichtspflicht wahrnehmen werde, als dies bisher durch die nationalen Aufsichtsbehörden erfolgte.[5] So werde sie *in personam* darauf achten, dass die Geschäftsmodelle der Banken tragfähig sind. Insbesondere aggressive Strategien bei der Jagd nach Rendite würden unter die Lupe genommen. Die Eigenkapitalausstattung der Banken sowie ihre Liquidität seien dabei von höchster Priorität. Dann folgen Ausführungen über die Solidität der griechischen Banken, die bei den versammelten Journalisten nicht wenig Erstaunen auslösen. Denn Frau *Nouy* wiederholt das, was an anderer Stelle Herr *Draghi* bereits unterstrichen hatte. Die griechischen Banken seien für die gegenwärtige schwierige Phase dieses Mitgliedslandes der Europäischen Währungsunion gut gewappnet. Zuvor hatte sie auf einer Konferenz der Deutschen Bundesbank zum Thema Verschuldung und Finanzstabilität vor einem Fachpublikum behauptet, die griechischen Banken seien noch solvent.[6] *Mario Draghi* hatte sogar auf seiner Pressekonferenz anlässlich der Erläuterungen der technischen Details zur Implementierung des QE-Programms das Publikum glauben machen wollen, dass die griechischen Banken, insbesondere die vier Großbanken, eigenkapitalmäßig noch nie so stark und solide gewesen seien.[7] Diese Einschätzung verwundert all diejenigen, die den Banken-Stresstest und sein Ergebnis miterlebt haben. Dessen Ergeb-

---

4 Presentation of the first ECB annual report on supervisory activities by Danièle Nouy at the European Parliament's Economic and Monetary Affairs Committee, Brussels, 31.3.2015.

5 Vgl. Nouy, Vorwort zum EZB-Jahresbericht zur Aufsichtsfähigkeit 2014 (März 2015), S.4.

6 Conference on Debt and Financial Stability, Frankfurt am Main, 27.3.2015.

7 Nicosia, EZB-Pressekonferenz, 5.3.2015.

nis lautete, dass drei der vier griechischen Großbanken eine nominelle Kapitallücke aufwiesen.[8] Die *Eurobank Ergasias* und die *National Bank of Greece* konnten selbst nach neu aufgebrachtem Kapital ihre Lücke nicht schließen und fielen ganz durch.[9]

Während die Dame aus Paris als Europas oberste Bankenaufseherin eine schärfere Gangart in der Bankenaufsicht ankündigt, hört dieselbe Institution, also die EZB, in Gestalt des einzig entscheidungsbefugten Beschlussgremiums, also des EZB-Rats, nicht auf, die Obergrenzen für die Notfall-Liquiditätshilfen (*emergency liquidity assistance*) für griechische Banken zu erhöhen. Auf der bereits vorgenannten Pressekonferenz führte Herr *Draghi* mit stolzgeschwellter Brust aus, dass die EZB mittlerweile 68 Prozent der griechischen Wirtschaftsleistung finanziere.[10] Die ELA-Notkredite, die von der Zentralbank Griechenlands den griechischen Banken gewährt werden können, dürften nach den EZB-internen Richtlinien indessen zwei Milliarden Euro pro Bank nicht überschreiten, ohne dass sofort die Vereinbarkeit mit dem Eurosystem geklärt werden müsste. Warum und weshalb bei einem Gesamtvolumen von mehr als 90 Milliarden Euro diese Grenze im Falle Griechenlands um ein Vielfaches überschritten wurde, vermag niemand darzulegen. Notfall-Liquiditätshilfen einer nationalen Zentralbank können nur gewährt werden, wenn die Empfänger dieser Kredite hinreichend Eigenkapital haben. Ferner dürfen keine Zweifel daran bestehen, dass sie grundsätzlich solvent sind. Es handelt sich, im wahrsten Sinne des Wortes, um Liquiditätsüberbrückungskredite, die verhindern sollen, dass ein Kreditinstitut wegen eines vorübergehenden Liquiditätsengpasses in Konkurs fällt und lawinenartig Zusammenbrüche anderer Institute nach sich zieht.

---

8 Bei den vier griechischen Großbanken handelt es sich um die Alpha Bank A.E., die Eurobank Ergasias, die National Bank of Greece S.A. und die Piraeus Bank S.A.

9 Report on the comprehensive assessment, Table 1, Oktober 2014.

10 Nicosia, EZB-Pressekonferenz, 5.3.2015.

Notfall-Liquiditätshilfe (ELA)

Als Notfall-Liquiditätshilfe (englisch: Emergency Liquidity Assistance, ELA) wird eine Maßnahme bezeichnet, bei der eine nationale Zentralbank des Eurosystems einem solventen Finanzinstitut mit vorübergehenden Liquiditätsproblemen eine Unterstützung gewährt, die dem betreffenden Institut Zentralbankgeld verschafft. Eine Notfall-Liquiditätshilfe gilt nicht als Teil der einheitlichen Geldpolitik, resultierende Kosten und Risiken sind von der betreffenden nationalen Zentralbank zu tragen. Der EZB-Rat kann nach Artikel 14.4 des ESZB-Statuts mit Zweidrittelmehrheit die Beschränkung von ELA-Operationen beschließen, wenn diese nach seiner Auffassung nicht mit den Zielen und Aufgaben des Eurosystems vereinbar sind.

Quelle: Deutsche Bundesbank

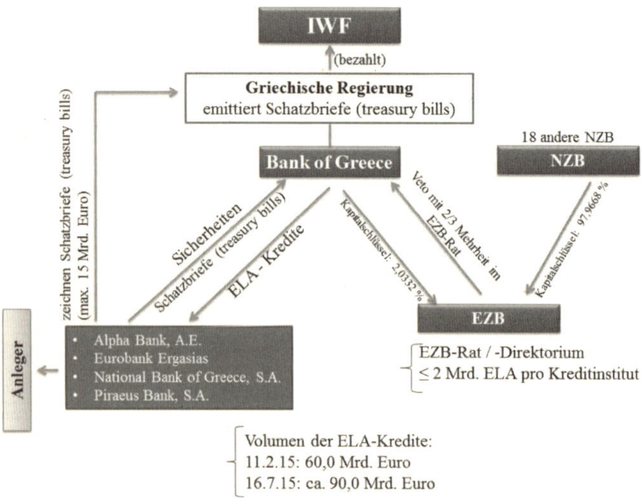

Ob indessen die vier zuvor genannten griechischen Großbanken zum Zeitpunkt der Vorstellung des Jahresberichts durch Frau *Nouy* hinreichend Eigenkapital aufweisen beziehungsweise noch solvent sind, dürfte anhand der veröffentlichten Zahlen bereits zweifelhaft sein. Denn das Eigenkapital dieser Banken besteht (ganz wesentlich) aus Steuerrückzahlungsforderungen, welche die Kreditinstitute gegenüber dem griechischen Staat haben. Ob diese Zahlungsforderungen werthaltig sind, ist angesichts der Liquiditätsklemme des griechischen Staates höchst fraglich. Abgesehen von der Zahlungsfähigkeit Griechenlands sieht die Reglementierung durch die Europäische Bankenaufsicht (EBA) in London vor, dass Steuerrückzahlungsforderungen nur dann als Eigenkapital eines Kreditinstituts berücksichtigt werden können, wenn die Forderung nicht nur in Gestalt von Wertpapieren des Staates, also durch Schuldverschreibungen, sondern bar von dem jeweiligen Schuldnerstaat bei den Banken hinterlegt wird. Ob dies geschehen ist, darüber lassen sich weder Signor *Draghi* noch Madame *Nouy* aus. Wen wundert es, dass nach der politischen Einigung der Gläubigerinstitutionen mit Griechenland für die »Rekapitalisierung« der griechischen Banken von der Europäischen Kommission glattweg 25 Milliarden Euro gefordert werden. So sind die EZB-Oberen Gefangene ihrer Fehlurteile geworden.

Doch können sie sich überhaupt anders verhalten? Wird man vom EZB-Präsidenten erwarten dürfen, dass er die finanzielle Lage der griechischen Komponente des Eurosystems schonungslos offenlegt, nachdem er in London 2012 lauthals verkündet hatte, alles Nötige zu tun, um den Euro zu verteidigen? Darf man realistischerweise von Frau *Nouy* erhoffen, dass sie, entsprechend ihrem eigenen Anspruch, »unvoreingenommen und streng« ihres Amtes als Bankenaufseherin waltet und mit Argusaugen nicht nur die griechischen Banken unter die Lupe nimmt, sondern deren Zustand so realistisch beschreibt, dass die EZB infolgedessen die ins Kraut schießenden ELA-Kredite stoppt?

Auch der fachlich nicht versierte, aber mit gesundem Menschenverstand ausgestattete Beobachter wird retroaktiv den Brüsseler Diskurs über die »Bankenunion als Vollendung der Währungsunion« nur noch mit ungläubigem Lächeln bestaunen können. Denn das, was konzeptionell für eine supranationale Zentralbank ohnehin schwierig zu vereinbaren ist – die Verwirklichung von Geldpolitik und Bankenaufsicht in einer Hand –, ist nun durch die harte Realität der Notkredite an Griechenlands marode Banken und durch die Unterlassungen von Frau *Nouy* als frommer Wunsch widerlegt worden.

Eine supranationale Zentralbank wie die EZB, die sich ohne entsprechendes Mandat die Verteidigung des Euros mit allen Mitteln auf die Fahnen geschrieben hat, wird nicht eine Unterabteilung ihres Hauses – das Bankenaufsichtsgremium von Frau *Nouy* – solche Prüfungsverfahren gegen griechische Banken durchführen lassen, die die Insolvenz und die Abwicklung des griechischen Bankensektors nach sich ziehen würden. Schließlich schuldet der griechische Staat – Eigentümer dieser Banken – der EZB Verbindlichkeiten in Milliardenhöhe aus deren Anleihekauf. Wer also die EZB mit der Bankenaufsicht betraut hat, wollte nicht die Währungsunion vollenden, sondern hat unweigerlich den Bock zum Gärtner gemacht.

Die Unterlassungen von Frau *Nouy* und die liquiditätspolitische Duldsamkeit der EZB gegenüber dem griechischen Bankensektor beleuchten den grotesken Charakter der Situation. Wo früher nationale Aufsichtsbehörden mehr schlecht als recht, meistens verspätet, aber im Hinblick auf die fiskalischen Folgen für die Nationalstaaten letztendlich doch wirkungsvoll intervenierten und Banken entweder aus dem Gewerbe drängten oder veranlassten, ihre Geschäftsmodelle sofort zu ändern, ist nunmehr eine euroveranlasste Duldsamkeit getreten. Diese Duldsamkeit hat mit unvoreingenommener Aufsicht nichts zu tun. Sie hat sich vielmehr nach den währungs- und geldpolitischen Vorgaben der EZB-Oberen und der sie tragenden politischen Kräfte zu richten.

Folgende Anfrage an die Abteilung des Chefökonomen der EZB, Professor *Peter Praet*, warum sich die EZB nicht an ihre eigenen Richtlinien für die volumenmäßige Beschränkung von Notfallkrediten halte, wurde zunächst mit betretenem Schweigen bedacht.

Herrn Professor
Dr. Peter Praet
Leiter der volkswirtschaftlichen Abteilung und
Mitglied des Direktoriums der EZB
Kaiserstraße 29
60311 Frankfurt am Main

Berlin, 20.02.2015

Sehr geehrter, lieber Herr Praet,

nachdem die EZB entschieden hat, griechische Staatsanleihen nicht mehr als notenbankfähig anzusehen, solange die Durchführung eines Länderprogramms in Frage steht, erfolgt nun eine Finanzierung der griechischen Banken durch die griechische Zentralbank. Hierfür gelten die Vorschriften gem. Art. 14 IV der Satzung des Europäischen Systems der Zentralbanken sowie die Veröffentlichung der EZB über das Verfahren für die Gewährung von Notfallliquiditätshilfe. Gestatten Sie in diesem Zusammenhang folgende Fragen:

1. Gemäß des, von Ihrem Hause selbst festgelegten, Verfahrens dürfen ELA-Mittel nur an solvente Finanzinstitute zur Lösung vorübergehender Liquiditätsprobleme gewährt werden. Woher wissen Sie, dass die von der ELA profitierenden griechischen Kreditinstitute solvent sind bzw. woraus entnehmen Sie, dass die Liquiditätsprobleme nur vorübergehender Natur sind?
2. Gemäß den vorgenannten Verfahrensbestimmungen ist der EZB-Rat für die Beschränkung von ELA-Operationen verantwortlich, wenn er der Auffassung ist, dass diese Operation nicht mit den Zielen und Aufgaben des Eurosystems vereinbar ist. Hat die in diesem Zusammenhang von Ihren Verfahrensbestimmungen geforderte regelmäßige Überprüfung der Operation der griechischen Nationalbank stattgefunden und wurde die EZB durch die griechische Nationalbank über die Einzelheiten der ELA-Operation innerhalb der vorgesehenen Frist von zwei Tagen nach Durchführung eines Geschäftes informiert?
3. Sind die in Ihren Verfahrensbestimmungen geforderten Angaben durch die griechische Nationalbank über Geschäftspartner Wertstellung, Volumen Währung, Sicherheiten, Zinssatzgründe für die ELA mittelfristige Beurteilung der Liquiditätsausstattung erfolgt?

Da der Schwellenwert für ELA-Geschäfte zwei Milliarden Euro pro Kreditinstitut beträgt, darf nicht offengelassen werden, ob griechische Kreditinstitute ELA-Operationen in diesem Umfang erhalten haben.
Im Hinblick auf die Glaubwürdigkeit der Wahrnehmung des geldpolitischen Mandats der EZB und aufgrund der zentralen Bedeutung der Bankenaufsicht, die innerhalb der Zuständigkeiten der EZB besteht, wäre ich Ihnen für die Beantwortung der Fragen dankbar.
Sie wissen im Übrigen, ausweislich Ihrer Teilnahme an Lehrveranstaltungen sowie an Thematiken verschiedener Dissertationen, dass diese Fragen im Zentrum meiner empirischen Forschung stehen.

Mit vorzüglicher Hochachtung

Markus Kerber

Der Versuch, *Praet* bei der »WELT-Währungskonferenz« am 24. April 2015 in Berlin zu befragen, schlug fehl. Es wäre auch zu peinlich gewesen, zugestehen zu müssen, dass sich die EZB nicht einmal mehr an die eigenen Richtlinien gebunden fühlt. Hatte sie doch in diesen Richtlinien beschrieben, dass pro Bank Notfallkredite in maximaler Höhe von zwei Milliarden durch die nationale Zentralbank gewährt werden können, ohne dass die EZB sofort deren Vereinbarkeit mit dem Eurosystem klären muss. Mit mittlerweile 90 Milliarden Euro Ermächtigungsvolumen hat sie diese selbstgesetzte Grenze weit überschritten.

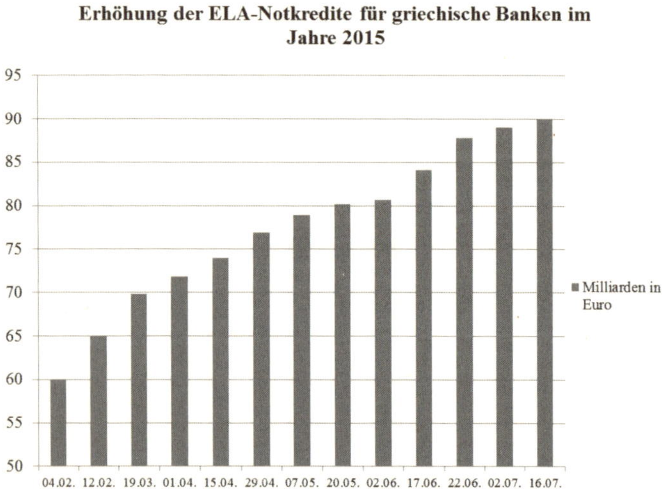

Wellen in der Öffentlichkeit schlug dagegen die Eingabe bei Frau *Nouy* im April dieses Jahres, mit welcher ihre duldsame gewerbepolizeiliche Behandlung der vier großen griechischen Banken gerügt wurde. In diesem Schreiben, das eine Untätigkeitsklage gegen die EZB in Aussicht stellt, heißt es:

»Während also gegenwärtig Einleger der vorgenannten Banken in Milliardenhöhe Abhebungen vornehmen und auch die Versicherungsmärkte, ganz zu schweigen von den Kapitalmärkten, den vorgenannten Banken keinerlei Kredit mehr gewähren, scheint die EZB nicht gewillt zu sein, die Ermächtigung für eine Liquiditätsnothilfe zu begrenzen oder gar zurückzufahren. Mehr noch, der Präsident der EZB hält die Solvenz der griechischen Banken für gegeben und erhöht das Volumen der Notkredite im Rahmen der ELA.[11] *Die Gefahr, die dadurch entsteht, ist einfach beschrieben. Die vier genannten Kreditinstitute werden Zombiebanken, also Kreditinstitute, die zwar auf dem Papier noch bestehen, die allerdings weder eigenkapitalmäßig noch liquiditätsmäßig nach Solvenzkriterien hinreichend ausgestattet sind, um im Kreditgewerbe tätig zu bleiben. Für eine latente Insolvenz der Banken spricht indessen, dass ihr Eigenkapital aus Steuerforderungen gegen den griechischen Staat (Deferred Tax Assets – DTA) besteht. Diese werden nach der Praxis der EBA nur dann als Eigenkapital angesehen, wenn die Regierung die Summe dieser Steuerforderungen in bar und nicht in Form von Staatsanleihen hinterlegt hat. [...] Vor diesem Hintergrund sind die Äußerungen von Ihnen, sehr geehrte Frau Vorsitzende, so wie sie von der Presse über Ihren Vortrag im Hause der Bundesbank am 27. März 2015 berichtet werden, wonach die vorgenannten griechischen Institute noch solvent seien, mit rationalen Maßstäben kaum noch nachvollziehbar.«*[12]

Eine Antwort blieb auch hier lange aus. Dafür kam zwischenzeitlich ein lapidarer Brief von *Praet*, in dem das EZB-Aufsichtsgremium für die Feststellung der Solvenz der griechischen Banken verantwortlich

---

11 So Draghi auf der Pressekonferenz der EZB in Nicosia am 5.3.2015, in »Introductory statement to the press conference (with Q&A)".

12 Vgl. den Gesamttext des Briefes in der Anlage.

gemacht wurde.[13] Eine Hand wäscht die andere! Damit ist die Gefahrenlage klar umrissen: Die EZB ist eine entgrenzte Institution. Sie wird, wie im Folgenden noch zu zeigen ist, faktisch ohne Schranken auf fast allen wirtschaftspolitischen Gebieten tätig. Das, was selbst für demokratische Institutionen grundsätzlich gilt, nämlich dass sie trotz demokratischer Legitimation Recht und Gesetz unterworfen sind, gilt für die EZB längst nicht mehr. Ihr fehlt stets die demokratische Legitimation. Mehr noch: Sie nimmt seit 2007/2008 für sich in Anspruch, die Reichweite ihres Mandates willkürlich festzusetzen. So hat sie ein Regime der Selbstermächtigung errichtet. Dort, wo bei den nationalen Zentralbanken im Hintergrund der Steuerzahler lauert, der – wie bei den geplanten Goldverkäufen von *Theo Waigel* – seine Stimme erhebt, um den nationalen Ausverkauf der Schätze zu verhindern, gibt es bei der EZB keine derartige *countervailing power*. Der größte Anteilseigner der EZB – die Bundesrepublik Deutschland in Gestalt der Deutschen Bundesbank – ließ durch ihre politische Klasse, insbesondere durch die Bundeskanzlerin und noch mehr durch den Bundesfinanzminister, die unterschiedlichsten Maßnahmen der EZB mit den immer gleichen Worten kommentieren: »Die EZB ist unabhängig.« Diese Unabhängigkeitsdoktrin, die von Deutschen erfunden und im Falle der Bundesbank als einer nationalen Zentralbank segensreich war, ist bei der EZB zum Fluch geworden. Sie könnte ins Verderben führen. An dieser Stelle wollen wir lediglich bei der Präsentation des Jahresberichts der Chefaufseherin *Nouy* innehalten und feststellen, dass in dem Institutionengeflecht von Eurosystem und Währungsunion nicht zusammenwachsen kann, was auf supranationaler Ebene nie und niemals zusammengehört: Geldpolitik und Bankenaufsicht.

13 So wörtlich: »The ECB receives a confirmation of solvency of the ELA receiving credit institutions issued by the competent supervisor.”

2. Kapitel:
Wie weit geht die Macht der EZB?

Um das Mandat der Europäischen Zentralbank beziehungsweise des Europäischen Systems von Zentralbanken (ESZB) ist beim Aushandeln des Maastricht-Vertrags besonders gerungen worden. Da Deutschland zusammen mit den stabilophilen künftigen Mitgliedern der Europäischen Währungsunion aus der Unabhängigkeit sowohl der EZB als auch der nationalen Zentralbanken eine *conditio sine qua non* gemacht hatte, meinten einige Südländer, allen voran Frankreich, die Festlegung von EZB und ESZB auf Preisstabilität bei der Ausübung ihres Mandates flexibilisieren zu müssen. Aus den Bemühungen, insbesondere der französischen Verhandlungsseite, vertreten von dem Sonderberater des damaligen Staatspräsidenten *Mitterrand, Jacques Attali*, konnte man das Beharren der Franzosen entnehmen, die Geldpolitik der künftigen Europäischen Zentralbank nicht auf die Gewährleistung der Preisstabilität zu beschränken. Denn, so die französische Ratio, wären die EZB und die Mitglieder des Eurosystems nicht nur für Preisstabilität verantwortlich, sondern auch für die gesamte Wirtschaftspolitik – so wie dies in den Statuten anderer Zentralbanken des Westens vorgesehen ist – dann würde man schon einen politischen Hebel finden, um die Stabilitätspolitik zu lockern. So konnte schließlich die Geldpolitik zur Magd der Wirtschaftspolitik werden. Das französische Unterfangen gelang, obwohl das Mandat der Europäischen Zentralbank vorrangig die Gewährleistung der Preisstabilität vorsieht und eine Unterstützung der »allgemeinen Wirtschaftspolitik der Union« nur soweit zulässt, als dies ohne Beeinträchtigung des Ziels der Preisstabilität möglich ist.[14] Trotz dieser Klarstellung des Rangverhältnisses von Preisstabilität und Unterstützung allgemeiner Wirtschaftspolitik wird das Mandat der EZB durch diese, wenn auch zweitrangige, Aufgabe der Unterstützung der allgemeinen Wirtschaftspolitik verwässert. Bisher hat die EZB die Unterstützung der allgemeinen Wirtschaftspolitik in der Union – was auch immer das sein mag – bei der Formulierung ihrer Geldpolitik nicht *expressis verbis* für sich in Anspruch genommen. Sie stützt ihre Maßnahmen auch im geldpolitischen Bereich auf das vorrangige Ziel der Preisstabilität und ihre Verantwortung für die Finanzstabilität. Gleichwohl ist mit dem Hinweis auf die Unterstützung der allgemeinen Wirtschaftspolitik der Europäischen Union Tür und Tor für eine Diskussion darüber geöffnet, ob beispielsweise zwischen Preisstabilität und einer auf kurzfristiges Wachstum angelegten Geldpolitik abzuwägen sei. Diese Diskussion wird in Italien und besonders in Frankreich offensiv geführt. Sie zeigt, wie schwierig es ist, im Wege eines internationalrechtlichen Vertrages dauerhaft die institutionellen Errungenschaften deutscher Stabilitätskultur und die institutionellen Vorzüge der Deutschen Bundesbank an die EZB zu vererben. Da die EZB und die nationalen Zentralbanken des ESZB die ihr übertragenen Aufgaben und Pflichten frei von Weisungen nationaler Regierungen und sonstiger Stellen der Europäischen Union auszuüben haben[15], ist die EZB relativ frei, die Implementierung des grob vorgegebenen Mandats festzulegen. Die von der Deutschen Bundesbank inspirierte Unabhängigkeit der EZB hat also im Zusammenhang mit der Definition der Geldpolitik eine ganz andere Wirkung als die Unabhängigkeit von nationalen Zentralbanken, die ausschließlich für die Geldpolitik zuständig sind. Der Glaube an die Expertenherrschaft, an technokratischen Sachverstand, an Redlichkeit deutscher Zentralbanker in der

14 Vgl. hierzu Art. 127 Abs. 1 S. 2 AEUV sowie Art. 2 der Satzung von ESZB und EZB.
15 Vgl. Art. 130 S. 1 AEUV.

Tradition der Bundesbank beißt sich mit dem Ringen nationaler Interessen innerhalb von EZB-Direktorium und EZB-Rat. Natürlich geben die nationalen Regierungen oder andere Stellen der Union den Mitgliedern von Direktorium und EZB-Rat keine schriftlichen Weisungen. Indessen ist es eine Illusion zu glauben, dass der Vizepräsident der EZB, *Vitor Constâncio*, nicht Portugal in seinem Herzen trägt, wenn die Beschlüsse im EZB-Rat fallen. Und Monsieur *Coeuré*, als Mitglied des Direktoriums zuständig für Marktoperationen, schielt natürlich auf die Lage der französischen Finanzen und den Bruttoschuldenstand seines Landes, wenn er Vorlagen in den EZB-Rat einbringt. Welche Folgen der deutsche Glaube an die Unabhängigkeit der EZB mit sich gebracht hat, werden wir an anderer Stelle zu betrachten haben. Denn bei der Vermessung und Implementierung des Primärmandats der EZB wurde von den Vätern und Müttern des Maastricht-Vertrages unterstellt, dass die EZB sich vorrangig um Geldpolitik und nur subsidiär um Bankenaufsicht und Finanzstabilität kümmern würde. Welche Folgen für die faktische Unabhängigkeit der EZB, also ihre Fähigkeit, auch wirklich frei von politischen Zwängen der Mitgliedsländer ihre geldpolitischen Entscheidungen zu treffen, von der Verlagerung der Bankenaufsicht in ihre Zuständigkeit ausgehen würden, davon konnten die Schöpfer des Maastricht-Vertrages keine Ahnung haben. Nicht im Traum hätten sie daran gedacht, dass eine im Übrigen eindeutige Formulierung im Vertrag[16] dazu dienen würde, der EZB faktisch die gesamte Bankenaufsicht, jedenfalls zunächst für Großbanken, zu übertragen.

Der Gedanke einer Übertragung der Bankenaufsicht auf die EZB lag zu diesem Zeitpunkt nicht nur deshalb fern, weil der Wortlaut des Vertrages hierfür gar keine entsprechende Ermächtigung bereithielt.

16 Vgl. Art. 127 Abs. 6 AEUV, der den Rat dazu ermächtigt, eigenständig durch Verordnungen und nach Anhörung des Europäischen Parlaments der EZB besondere Aufgaben im Zusammenhang mit der Aufsicht über die Kreditinstitute zu übertragen.

Vielmehr gab es bereits eine europäische Bankenaufsicht in London, wenngleich nur ausgestattet mit empfehlenden Befugnissen.[17]

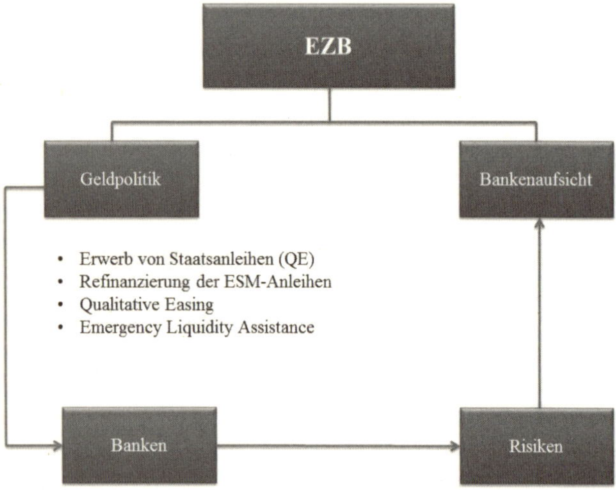

© Europolis e.V.

Welche Folgen für die Arbeitsteilung zwischen Geldpolitik und Bankenaufsicht der EZB durch diesen Schritt entstehen würden, konnte und sollte nicht bedacht werden. Von solchen versteckten Dissensen leben nicht nur internationale Verträge, sondern daraus speist sich auch die Hoffnung integrationistischer Kreise in Brüssel, die im festen Glauben leben, dass der politische Konstruktivismus der Integrationspolitik im Sinne eines ständigen »Mehr Europa!« nahezu naturge-

17 Als die Kommission zur Verwirklichung der Währungsunion eine Bankenunion vorschlug, gab es daher erhebliche juristische Diskussionen über das Nebeneinander von Bankenaufsicht mit Eingriffsbefugnissen und EBA in London.

setzlich vorgegeben sei. Herr *Juncker*, in den vielen unterschiedlichen Funktionen, die er trotz des beschränkten Gewichtes seines Herkunftslandes in der Europäischen Union bereits innehatte, äußerte sich zur Methode in einem unkontrollierten Moment wie folgt:

> *»Wir beschließen etwas, stellen das dann in den Raum und warten einige Zeit ab, was passiert. Wenn es dann kein großes Geschrei gibt und keine Aufstände, weil die meisten gar nicht begreifen, was da beschlossen wurde, dann machen wir weiter – Schritt für Schritt, bis es kein Zurück mehr gibt.«*

Mit dieser Integrationsmethode hat die Brüsseler Bürokratie mittlerweile immerhin erfolgreich große Teile nationaler Souveränität vereinnahmt und eine Zentralmacht geschaffen, die im schroffen Gegensatz steht zu dem Mangel an Legitimität der Befugnisinhaber und ihrem Unwillen, Rechenschaft für ihr Tun abzulegen.

Die prioritäre Festlegung des Mandats der EZB auf die Sicherung der Preisstabilität ist – wiewohl nicht optimal verwirklicht – sowohl durch das Grundgesetz als auch durch die Rechtsprechung des Bundesverfassungsgerichts vorgegeben. Das Grundgesetz erlaubt die Übertragung der Aufgaben und Befugnisse der Bundesbank als Währungs- und Notenbank auf die Europäische Zentralbank nur in dem Maße, wie letztere unabhängig ist und sie dem vorrangigen Ziel der Preisstabilität verpflichtet bleibt.[18] Das Bundesverfassungsgericht hatte in seinem berühmten Maastricht-Urteil[19] entschieden, dass die Verfassungsorgane der Bundesrepublik Deutschland die Festlegung der Währungsunion auf eine Stabilitätsgemeinschaft genau zu kontrollieren haben würden. Verliere die Europäische Währungsunion den Charakter einer auf Geldwertstabilität angelegten und ausgerichteten

---

18 Vgl. Art. 88 GG.

19 BVerfGE Bd. 89, S. 55 ff. vom 12.9.1993, Az. 2 BVR 2134, 2159/92.

Gemeinschaft, sei die Bundesregierung gegebenenfalls verpflichtet, die Währungsunion zu verlassen.

Beim Ringen um Inhalt und Reichweite des Mandats der Europäischen Zentralbank sowie bei der anhaltenden Diskussion um seine Auslegung ist sowohl von den EZB-Oberen als auch von den Verfassungsrichtern, ganz zu schweigen von den Mitgliedern des Gerichtshofs der Europäischen Union bislang übersehen worden, dass EZB, Eurosystem und ESZB nicht außerhalb jener Ordnung stehen, die die europäischen Verträge als System des unverfälschten Wettbewerbs bezeichnen. Die Bezugnahme auf eine Wettbewerbswirtschaft in Art. 2 EUV sowie der Auftrag zur Errichtung eines Binnenmarktes gem. Art. 3 Abs. 3 S. 1 EUV werden dahingehend präzisiert, dass sie ein System umfassen, welches den Wettbewerb vor Verfälschungen schützt.[20] Der unverfälschte Wettbewerb ist der Motor des Binnenmarktes. Es ist daher nicht verwunderlich, dass die Verträge im Zusammenhang mit der Währungsunion auf dieses System unverfälschten Wettbewerbs durch Erwähnung einer offenen Wettbewerbswirtschaft *expressis verbis* Bezug nehmen.[21] Zwar richtet sich das Postulat, den Binnenmarkt durch unverfälschten Wettbewerb zu erreichen, zuvörderst gegen die protektionistische Einflussnahme der Mitgliedstaaten und ihre nationale Politik. Sie sollen weder durch Diskriminierungen noch durch Behinderungen – sei es durch staatliche Beihilfen, Zölle oder gleichwertige Maßnahmen beziehungsweise durch staatliche Unternehmen – die Verwirklichung des Binnenmarktes behindern. Doch was sich *expressis verbis* als allgemeines Diskriminierungs- und Behinderungsverbot an die Adresse der Mitgliedstaaten der EU richtet, muss umso mehr für die Organe der EU und insbesondere für ein so zentrales Organ wie die Europäische Zentralbank gelten. Im Vorfeld zu den Verhand-

---

20 Vgl. hierzu das Protokoll Nr. 27 über Binnenmarkt und den Wettbewerb v. 13.12.2007, das Kraft Art. 51 EUV vollumfänglich Bestandteil der Europäischen Verträge ist.

21 Vgl. Art. 119 Abs. 2 AEUV und Art. 3 der Statuten von EZB und ESZB.

lungen über den Lissabon-Vertrag hatte die EZB-Lobby alle Mittel daran gesetzt, um im Vertrag selbst gar nicht als ein EU-Organ erwähnt zu werden. Es wollte nicht nur unabhängig von Weisungen nationaler Regierungen, sondern vertraglichen Regelungen überhaupt nicht unterworfen sein. Die Mitgliedstaaten haben bei der schwierigen Geburt des Lissabon-Vertrages gleichwohl die EZB in das Rahmenwerk integriert.[22] Damit haben sie deutlich gemacht, dass die EZB nicht etwa im luftleeren Raum schwebt und sich ihre Regeln selbst setzen kann, sondern dass sie den normativen Vorgaben des europäischen Vertragswerks unterworfen ist.

Der stückweise, krisenveranlasste, rechtlich unbegrenzte und augenscheinlich nicht mehr einhegbare Ausbau des Mandats der EZB zu einer wirtschaftspolitischen Feuerwehr und Allzweckwaffe hat Begehrlichkeiten geschaffen, die man nur sehr schwer wieder los wird. Der Dammbruch von *Trichets* damals noch sterilisiertem Aufkauf von Staatsanleihen aus aktuellen oder potenziellen Finanznotstandsländern war nur ein Anfang. So konnte der deutsche Widerstand getestet werden. Nachdem die EZB-Führung festgestellt hatte, dass das stabilophile Lager zwar Überzeugungen besaß, aber nicht bereit war, hierfür zu kämpfen, kam der nächste Schritt: die von der Öffentlichkeit kaum noch kontrollierte Lockerung der qualitativen Anforderungen an Kollaterale. Die darauffolgende Krise im Sommer 2012 ließ das OMT-Programm entstehen, also die Ankündigung eines unbeschränkten, nicht mehr zu sterilisierenden Staatsanleiheankaufs durch die EZB. Das unbefristete und quantitativ nicht begrenzte *Public Sector Purchase Programme* seit März 2015 rief dann Geister auf den Plan, die meinten, die Schamschwelle noch weitergehender Maßnahmen ungeniert überschreiten zu können. Seither kauft das Eurosystem auf Weisung der EZB monatlich öffentliche Anleihen für 60 Milliarden Euro.

22 Vgl. Art. 282 ff. sowie Art. 27 ff. AEUV.

Wer das Manifest von *Yanis Varoufakis*, dem ehemaligen griechischen Finanzminister liest, welches er zusammen mit *Stuart Holland* und *James K. Galbraith* unter dem Titel »Ein bescheidener Vorschlag zur Lösung der Eurokrise« veröffentlicht hat, der bekommt schnell eine Ahnung von dem, was diese Herren, noch dazu unter Berufung auf den Maastricht-Vertrag, bereit sind, ins Werk zu setzen. Da soll nicht nur der ESM zur Rekapitalisierung von Banken herangezogen werden, sondern die EZB möge die »Maastricht-konforme Staatsverschuldung« bis zu 60 Prozent des Bruttosozialproduktes zeitweise übernehmen, um dem betroffenen Finanznotstandsland das fiskalische Durchatmen zu erleichtern. Das Argument, es handele sich hierbei um platte, monetäre Staatsfinanzierung, wischt *Varoufakis* mit dem Hinweis vom Tisch, die EZB agiere lediglich als Vermittlerin auf den Märkten zur Rückzahlung der Maastricht-konformen Schulden.[23] Doch damit nicht genug: Der strikt abgegrenzte Tätigkeitsbereich der Europäischen Investitionsbank, welche sich wesentlich zur Vergabe von Krediten über die Märkte selbst finanzieren muss, soll radikal erweitert werden. Die EZB möge für jede von der Europäischen Investitionsbank ausgegebene Anleihe eine neue eigene Anleihe emittieren, um das Ausleihungsvolumen der EIB um Lichtjahre zu steigern.[24] Dies ist zumindest eine klare Ansage, die deutlich macht, was mit der EZB alles angestellt würde, wenn Männer vom Schlag eines *Varoufakis* jemals an die Schalthebel kommen könnten. Immerhin wurde kurz nach dem Beitritt Griechenlands zur EWU ein Grieche namens *Papademos* Vizepräsident der EZB.

Mit diesen allgemeinen Feststellungen ist für die Frage, wie die EZB ihre Aufgabe der Gewährleistung von Preisstabilität wahrnimmt, wenig, wenn nicht gar nichts gewonnen. Denn unbeantwortet bleibt die Frage, *wie* man Preisstabilität sichern kann. Handelt es sich um

23 Varoufakis u.a., Bescheidener Vorschlag zur Lösung der Eurokrise, München 2015, S. 36 ff.
24 Varoufakis, ebenda, S. 39 ff.

die Stabilität der Konsumentenpreise oder müssen Vermögenspreise miteinbezogen werden? Welches Inflationsziel gibt man sich vor und welcher Zeitraum ist hierfür maßgeblich, ein mittelfristiger oder ein langfristiger? Umgekehrt stellt sich die Frage, wann die EZB Deflation, also einen allgemeinen Preisrückgang, annimmt. Offen ist auch, ob die Messung und der gegebenenfalls eingetretene Preisrückgang als Durchschnitt gewichtet für die gesamte Eurozone berechnet wird oder ob bestimmte Volkswirtschaften dabei eine besondere Rolle spielen.

Die Europäische Zentralbank hat sich trotz hervorragender wissenschaftlicher Dienste mit dieser Fragestellung nie auseinandergesetzt, sondern setzt wie ein *deus ex machina* sowohl für Inflation als auch für Deflation nach ihrem Gutdünken die Kriterien im Sinne der Wahrnehmung ihres Mandates fest. Sie hält daran fest, dass Preisstabilität gleichzusetzen sei mit einer Steigerung der Verbraucherpreise von mittelfristig +/- 2 Prozent. Eine theoretische Herleitung dieses Stabilitätsziels sucht man in den Berichten der EZB genauso vergeblich wie in den vielen wissenschaftlichen Veröffentlichungen auf der EZB-Website. Warum es nicht auch 3 Prozent Preissteigerung bei Verbraucherpreisen sein können beziehungsweise warum nicht bereits 1 Prozent ausreicht, ist ein Einwand, um den sich die EZB genauso wenig schert wie um die kontroverse Fokussierung auf einen ohnehin willkürlich festgelegten Verbraucherpreisindex. In Deutschland steigen nicht zuletzt in Folge der Nullzinspolitik die Immobilienpreise in den großen Metropolen sprunghaft. Damit sinkt die Kaufkraft der Geldeigentümer für diese Güter. Währenddessen behaupten die EZB-Oberen standhaft, es ginge ihnen bei allen unkonventionellen Maßnahmen der Geldpolitik und nicht zuletzt bei der Ankündigung des *quantitative easing* in Gestalt des *Public Sector Purchase Programme* um die Brechung der angeblichen Deflationsdynamik. Dass eine solche Deflationsproblematik in Deutschland nicht nur von der Bundesbank bestritten wird und den Preisentwicklungen in ganz bestimmten Märkten Hohn spricht, ist für die EZB kein Grund, sich mit den Kriterien der Preisstabilität auseinanderzusetzen. Genauso wenig ist sie bereit, darüber zu diskutieren, dass es innerhalb der Eurozone Inflationsdifferential zwischen Norden und Süden, Osten und Westen gibt. Sie schließt von der Einheitlichkeit der Währung in der Eurozone auf die Notwendigkeit einer einheitlichen Geldpolitik. Dabei verkennt sie nicht nur die unterschiedlichen Inflationsraten in den einzelnen Mitgliedsländern der Eurozone, sondern auch die völlig unterschiedliche wirtschafts- und fiskalpolitische Situation der Euroländer. Ihr Beharren auf dem Postulat, es könne nur eine einheitliche Geldpolitik für die Eurozone geben, hat die wirtschaftliche Heterogenität des Eurowährungsgebiets sogar noch verschärft.

Kehren wir noch einmal zum selbstgesetzten Ziel der EZB zurück, Preisstabilität durch eine Inflation von +/- 2 Prozent der Verbraucherpreise mittelfristig anzustreben. Warum hat sich die EZB seit ihrer Existenz nicht dazu entschließen können, Preisstabilität im Sinne der europäischen Verträge als Nullinflation auszulegen? Dies hängt weniger damit zusammen, dass Nullinflation den Tatbestand der Preisstabilität nicht länger erfüllen würde, sondern beruht auf der besonderen Motivation der EZB. Normalerweise nimmt Inflation in dem Maße zu, wie die Geldmenge wächst. Darüber wird zwar im Einzelnen gestritten. Am prinzipiellen Zusammenhang zwischen dem Wachstum der Geldmenge und der Zunahme der Inflation wird indessen nicht gezweifelt. Je größer jedoch die Geldmenge, insbesondere die durch Giralgeldschöpfung geschaffene Geldmenge, ist, desto höher fallen die aus der Geldschöpfung entstehenden Gewinne (das sogenannte *seigniorage*) aus. Auch für die EZB gilt das Prinzip der materiellen Interessiertheit. Die aus dieser Geldschöpfung entstehenden Gewinne der Zentralbank legen es nahe, dass sich die EZB statt für rigide große Preisstabilität eher für eine maßvolle Inflation entschieden hat. Welche negativen Folgen dies auf Dauer für die Kaufkraft der Verbraucher hat, lässt sich im Einzelnen ausrechnen.[25]

25 Siehe hierzu Kapitel 3.

3. Kapitel:
Die Kosten des Nullzinses oder: Die Enteignung der Sparer

Über die Folgen der Nullzinspolitik, so wie sie die EZB verordnet hat und von der sie wünscht, dass sie unbefristet anhält, wird im wissenschaftlichen Raum kontrovers diskutiert.[26] Das hängt damit zusammen, dass es auf die Frage, welches die volkswirtschaftliche Funktion des Zinses eigentlich sei, viele, zum Teil sehr unterschiedliche Antworten gibt. *Consensus omnium*, also gemeinsamer Nenner aller vertretenen Meinungen, ist indessen, dass der Zins Entgelt für den Liquiditätsentzug auf Seiten des Gläubigers sei und seine Ausgestaltung dem Risiko entsprechen sollte, das der Kreditnehmer darstellt. Nun hat die Nullzinspolitik der Europäischen Zentralbank die Zinsdifferentiale zwischen den unterschiedlichen staatlichen Emittenten und Schuldnern der Eurozone nicht völlig egalisiert, sondern nur eingeebnet. Die Ergebnisse sprechen der Realität Hohn: Bei kurzfristigen Anleihen verdient Spanien – ein Land mit krisenhafter Volkswirtschaft – Geld. Die Rendite ist negativ.[27] Doch wirkt sich die tendenziell egalitäre Zinspolitik der EZB nicht nur auf den Staatsschuldenmärkten aus, sondern hat mittlerweile auch Einfluss auf die Modalitäten von Unterneh-

---

26 Demary/Hüther, Gefährden die unkonventionellen Maßnahmen der EZB den Ausstieg aus dem Niedrigzinsumfeld?, IW Policy Papers Nr. 7 vom 26.2.2015.

27 Ähnlich verhält es sich mit Portugal und Irland.

mensanleihen, die Geschäftsmodelle von Sparkassen- und Raiffeisenbanken sowie die betrieblichen Altersversicherungssysteme.

Die betriebliche Altersvorsorge, von der Politik und allen Volkswirten angesichts der demographischen Entwicklung in Deutschland gepriesen, setzt voraus, dass die Unternehmen willens und in der Lage sind, entsprechende Rückstellungen zu bilden. Die Unternehmen müssen dabei ermitteln, welche Verpflichtungen aufgrund betrieblicher Rentenzusagen in absehbarer Zeit auf sie zukommen werden. Die Aktuare – also die Versicherungsmathematiker der Unternehmen, die betriebliche Altersversorgung betreiben – stöhnen angesichts der Nullzinspolitik. Denn nach ihren Berechnungen werden die Eigenmittel und die Bilanzen der Unternehmen mit betrieblicher Altersversorgung durch die Niedrigzinspolitik in erheblichem Umfang belastet. Gewiss ist das Finanzierungskonzept der jeweiligen Unternehmen zur Realisierung ihrer betrieblichen Altersvorsorge sehr unterschiedlich. Einige Unternehmen legen hohe Teile künftiger Verpflichtungen im Wege eines Sondervermögens zur Seite. Andere Unternehmen versuchen, künftige Pensionäre aus laufenden Erträgen zu bedienen. Vorsichtiger ist es gewiss, die Realisierung einer Finanzierungszusage durch Sondervermögen, welches vorgehalten wird, abzusichern. Dies belastet indessen notwendigerweise das Eigenkapital des Unternehmens. Schwer lässt sich eine allgemeine Aussage für alle Unternehmen treffen. Denn wie stark Unternehmen durch ihre Pensionszusagen in Anspruch genommen werden, hängt letztlich von den Modalitäten eben dieser Altersversorgung ab. Je geringer indessen das Zinsniveau auf den Anleihemärkten ist, desto schwieriger sind die Bedingungen für Unternehmen, ein gut rentierliches Pensionsvermögen aufzubauen und vorzuhalten.[28]

28 Von der Betrachtung mittelständischer Unternehmen ist in diesem Zusammenhang abgesehen worden. Prinzipiell stellt sich das Problem ähnlich dar, wenn es Formen betrieblicher Altersversorgung gibt.

Wer individuell etwas für seine Altersvorsorge tun und mit Bedacht seine erwirtschafteten Barmittel anlegen will, steht vor einem für durchschnittliche Anleger kaum noch zu lösenden Problem:

Bei öffentlichen Schuldnern mit exzellenter Qualität (AAA) müssen Anleger schon eine lange Laufzeit von circa sieben Jahren in Kauf nehmen, um überhaupt noch auf positive Erträge zu kommen. Gehen sie in kürzer laufende Anleihen, zum Beispiel der Bundesrepublik Deutschland, so stellt sich das Problem des Negativzinses. Dieses wird angesichts der technischen Unwilligkeit, einen Strafzins an den Emittenten zu entrichten, dadurch umgangen, dass die jeweiligen Staatsemissionen über *pari* emittiert werden. Diese Emission oberhalb des Nominalwerts versucht die Realität des Negativzinses zu verschleiern. Es bedarf aber weniger arithmetischer Kenntnisse, um das Spiel zu durchschauen. Auf diesem Markt der Staatsanleihen hat der private Anleger also das Nachsehen. 2,5 Billionen Euro an europäischen Staatsanleihen, also mehr als ein Drittel der gesamten umlaufenden Staatsanleihen, rentieren im Durchschnitt unter 0,1 Prozent.

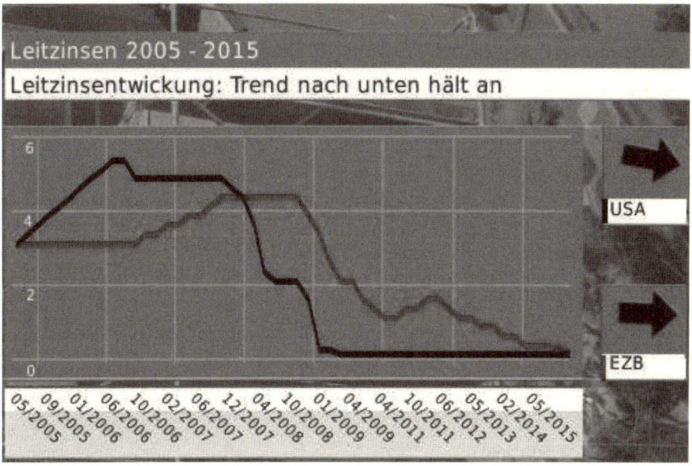

Dax-Entwicklung seit 2007 (http://www.finanzen.net/index/DAX/Historisch)

Dow-Jones-Entwicklung seit 2007 (http://www.finanzen.net/index/Dow_Jones/Historisch)

Indessen wird es der Anleger nicht einfach haben, am Markt für Unternehmensanleihen ansprechende Renditen zu finden. Abgesehen von der ungelösten Problematik der Zinswendepunkte, die sich bei Unternehmensanleihen besonders auswirken, und des prinzipiellen Liquidationsrisikos eines jeden Unternehmens hat der Trend zu negativen Zinsen auch den Markt für *corporate bonds* erreicht.[29] Der Markt für Unternehmensanleihen hat indessen den ausschließlichen Vorteil, dass das Kaufprogramm der EZB dieses Marktsegment bisher außen vor gelassen hatte. Die immense Nachfragewirkung und damit die Verbilligung der Emissionskonditionen, wie wir sie auf dem Staatsanleihemarkt erleben konnten, ist bislang auf diesem Markt nicht eingetreten.

Bleibt also für den auf Rendite angewiesenen Anleger nichts anderes als der Blick auf den Aktienmarkt. Dieser befindet sich weltweit auf einem Niveau, das sich, angeheizt durch die Nullzinspolitik der EZB und die tendenziell ähnliche Politik aller anderen westlichen Zentralbanken, nahezu vollständig von der Realwirtschaft abgekoppelt hat. In der Eurozone stecken außer den Leistungsbilanzüberschussländern alle anderen Mitglieder in einer stagnativ-rezessiven Phase. Währenddessen sind aber die Aktienkurse französischer und italienischer Unternehmen auf Rekordhöhen geschnellt. Wer in dieser Situation *nolens volens* Anlegern empfiehlt, ihr Vermögen im großen Stil in Aktien umzuschichten, ignoriert die unvermeidbare Kurskorrektur der Börse im Verhältnis zu dem Zustand der jeweiligen Realwirtschaft.

Bleiben noch Hybridanleihen, also solche Anlageprodukte, die als *aliud* zwischen Fremd- und Eigenkapital aufgrund ihrer Nachrangigkeit besondere Risiken darstellen. Diese in Gestalt von Unterneh-

29 So emittierte die BASF mit einer Fälligkeit am 29.6.2016 eine Anleihe, deren Rendite mittlerweile negativ ist.

mensanleihen emittierten Anlageprodukte werfen signifikant höhere Zinscoupons ab, sind allerdings hinsichtlich ihrer Risikostruktur für durchschnittliche Anleger schwerer zu evaluieren. Davon unabhängig ist der Hybridanleihenmarkt mit insgesamt im Umlauf befindlichen circa 50 Milliarden Euro Anleihevolumen europäischer Unternehmen immer noch ein relativ kleines Marktsegment. Das Volumen wächst gleichwohl.

Gewiss sichern weder das Grundgesetz noch die europäischen Verträge Sparern signifikante Erträge aus sehr einfachen Anlageprodukten wie beispielsweise Sparbriefen. Indessen befindet sich gerade der mit den Finanzmärkten nicht vertraute Anleger gegenwärtig in einer verdrießlichen Situation. Tut er das, was die Politik empfiehlt, also private Vorsorge durch Anlageprodukte durchschnittlichen Ertrags mit geringem Risiko zu treffen, so geht er leer aus. Daher ist das Argument, die Politik der EZB würde eine Enteignungswirkung haben, beziehungsweise ihre Politik käme einem enteignungsgleichen Eingriff nahe, nicht von der Hand zu weisen. Die Not in den Akquiseabteilungen von Versicherungen ist groß. Denn das Stammgeschäft der Lebensversicherungen bricht auch dann weg, wenn der Gesetzgeber der gesetzlichen Minimalverzinsung der EZB Pate steht und die Minimalrendite senkt, die Lebensversicherungen erwirtschaften müssen. Schon kommt es zu neuen, bislang noch nicht erprobten Koalitionen zwischen Banken und Versicherern. Letztere erwerben Portfolios von Bankenkrediten für Infrastrukturprojekte, von denen anzunehmen ist, dass sie über eine geringere Risiko- und Ertragsvolatilität verfügen als der Eigenheimkredit an fast vermögenslose Kunden. Ob diese Notgemeinschaft den Ausweg weist oder sich als Holzweg herausstellen wird, mag die Zukunft entscheiden.

Von unterschiedlichsten Institutionen sind die Konsequenzen der Nullzinspolitik der EZB für die Sparer quantifiziert worden. Die

Volkswirte der DZ-Bank haben ausgerechnet[30], welche Ertragsverluste nicht nur für Tagesgeldkonten, sondern auch bei Lebensversicherungen und durch den Zinsverlust bei Anleihen entstanden sind. Das Ergebnis ist niederschmetternd: Demnach hätte jeder Deutsche in dem Zeitraum 2010 - 2014 durchschnittlich bereits 1 400 Euro Zinsverlust zu tragen gehabt und dies unter Berücksichtigung der Zinsersparnisse bei Krediten. So käme man auf einen Ertragsverlust von 112,5 Milliarden Euro. Das sind für Durchschnittssparer sehr erhebliche Einnahmeverluste. Die Zinsersparnis bei den Krediten, so die Volkswirte der DZ-Bank, in Höhe von ungefähr 78 Milliarden Euro würden die Ertragsverluste bei den Sparprodukten mitnichten ausgleichen. Andere Berechnungen[31] weisen insbesondere darauf hin, dass Bürger mit geringem Einkommen von der Nullzinspolitik im Hinblick auf die Vorsorge für ihr Alter besonders betroffen sind. Auf die Frage, wie viel ein künftiger Rentner bezogen hätte, wenn er einen privaten Rentenversicherungsvertrag mit den Überschussbeteiligungen des Jahres 1998 abgeschlossen hätte und diese konstant geblieben wären, kommen diese Berechnungen zu Ergebnissen, die aufhorchen lassen. Denn trotz Steigerung der Vorsorgeaufwendungen des durchschnittlichen Sparers für sein Alter sind die Beträge aufgrund der gesenkten Überschussbeteiligung deutlich gesunken. Nach diesen Berechnungen beträgt der Unterschied für die gesamte Laufzeit bis zum Renteneintrittsalter mehr als 48 000 Euro. Die Nachsteuerrendite sei von 5 Prozent auf 2,8 Prozent gesunken. Heruntergebrochen auf die monatliche Nettorente stehen dem fiktiven Rentenempfänger dann nur noch 1 025 Euro statt der fiktiven 1 248 Euro zur Verfügung, die er bei Beibehaltung der Vertragsbedingungen von 1998 erwirtschaftet hätte.

---

30 DZ-Bank, Konjunktur und Kapitalmarkt, Private Haushalte in Deutschland: Der Preis niedriger Zinsen, 9.4.2015.

31 Vgl. so Philipp Kron, FAZ 17.4.2015, S. 27, »Wie soll man da noch fürs Alter vorsorgen?«

Es mag dahingestellt sein, ob die Berechnungen im Detail zutreffen. Unschärfen kann man bei solchen Quantifizierungen nie vermeiden, zumal mit Durchschnittswerten gerechnet wird. Indessen lässt sich das Ergebnis der Nullzinspolitik nicht schönrechnen: Wenn der Durchschnittssparer über längere Zeiträume die Folgen der Nullzinspolitik für seine Altersvorsorge ermittelt, wird deutlich, dass es sich um sehr signifikante, tendenziell enteignende Vermögenseinbußen handelt. Und diese Vermögenseinbußen treffen besonders einkommensschwache Schichten, die bei Eintritt in das Rentenalter mit einem geringeren Rentenniveau auskommen müssen und dementsprechend ihren Konsum einzuschränken haben.

Die EZB-Politik trifft also – bestens verschleiert – die Kleinen und Schwachen. Die Nullzinspolitik wird somit gerade für alternde Gesellschaften, die es gewohnt sind, risikoavers für ihr Alter vorzusorgen, eine neue soziale Frage aufwerfen.

Dass das Argument, die Nullzinspolitik der EZB würde den deutschen Sparer enteignen, die Herren *Draghi, Coeuré* und *Constâncio* ins Mark trifft, wird an der amtlichen Reaktion der EZB deutlich. *Coeuré*, ihr starker Mann, verantwortlich für die Offenmarktgeschäfte, hatte mehrfach bereits in trauter Runde zugegeben, dass man kurzfristig die Sparer zum Opferstock bittet, um ihnen dann langfristig die Möglichkeit zu geben, an einer stark wachsenden Wirtschaft teilzuhaben. Doch gegen die Vorwürfe aus Deutschland, vorgetragen durch den Präsidenten des Deutschen Sparkassen- und Giroverbandes, den ehemaligen bayrischen Finanzminister *Fahrenschon*, durch *Paul Kirchhoff*, aber auch durch unterschiedliche internationale Stimmen, insbesondere aus der Bank für Internationalen Zahlungsausgleich, schickt *Coeuré* seinen wichtigsten Exekutanten, den Generaldirektor der EZB, *Ulrich Bindseil*, ins Gefecht. *Bindseil* erwidert – formal zusammen mit zwei Ökonomen der KfW –, was er von den unterschiedlichen Einwendungen gegen die akkommodierende Politik, insbesondere die Nullzinspolitik der EZB hält.[32] Dass die Europäische Zentralbank auf eine fachliche, mittlerweile die breite Öffentlichkeit erreichende Debatte in einem wichtigen Mitgliedsland der Eurozone so spezifisch eingeht, spricht Bände. Sie fühlt sich in Legitimationsnot. Daher bemüht sich *Bindseil* gewissenhaft, die unterschiedlichen Argumente aufzuzählen: Auf Niedrigzinsen reagieren Sparer mit reduziertem Konsum. Die Nullzinspolitik würde Blasen verursachen und die finanzielle Stabilität unterminieren. Die Sparanstrengungen in den öffentlichen Haushalten würden entmutigt. Durch den erleichterten Zugang zu Investitionsfinanzierungen würde die effiziente Allokation gestört, und schließlich würden Niedrigzinsen auch strukturell die Rentabilität von Banken gefährden. Nach dieser genauen Aufzählung flüchtet sich der EZB-Generaldirektor in mathematische Formeln. Im Niemandsland von Gleichungen wird der gesunde Menschenverstand aufgelöst. Es findet eine Diskussion anhand von Modellen statt, die sich sowohl von der Erdoberfläche als auch von der Realökonomie gelöst hat. Kein Wunder bei dieser methodischen Verirrung der Wirtschaftswissenschaften, dass *Bindseil* zu dem Schluss kommt, alles sei im Lot. Doch damit will er sich nicht begnügen. Er gibt Deutschland – auch dies scheint innerhalb des Mandats der EZB möglich zu sein – auch noch eine Reihe von Ratschlägen, wie es seine Produktivität steigern, seine demographischen Probleme in den Griff kriegen könne und zu guter Letzt auch, wie es seinen fiskalischen Spielraum zur Stimulierung der öffentlichen Investitionen besser ausnutzen könne.

Man muss sich dieses Prosastück des EZB-Generaldirektors auf der Zunge zergehen lassen: Da wird der hierarchisch Untergebene des französischen Direktoriumsmitglieds *Coeuré* angewiesen, die deutschen Ängste mit einem »Occasional Paper« zu besänftigen, und der

32 ECB, Occasional Paper Series No. 161/May 2015, Critique of accommodating central bank policies and the «expropriation of the saver".

deutsche Gehilfe beeilt sich, seinen Pariser Auftraggeber zufriedenzustellen. Längst haben die Machthaber in Paris verstanden, wie man die Unabhängigkeit der EZB auf Französisch buchstabiert, lange bevor die deutsche Bundesregierung aufwachen wird, um endlich zu verstehen, wie geräuschlos die Machtübernahme in der EZB stattgefunden hat.

Der Rechtsschutz der Anleger gegenüber einer Enteignungspolitik der Zentralbank ist praktisch inexistent. Die Rechtsprechung stellt bislang allein darauf ab, ob durch Tun oder Unterlassen einer Zentralbank eine Hyperinflation hervorgerufen würde. Davon kann gegenwärtig nicht die Rede sein. Indessen wird darüber zu diskutieren sein, ob die Nullzinspolitik der EZB und all ihren Weiterungen – so sie auf Dauer durchgeführt werden – nicht dadurch enteignungsgleiche Wirkungen hervorbringt, dass *peu à peu* die Sparervermögen aufgefressen werden. Sind die Sparer und Anleger der Leistungsbilanzüberschussländer verpflichtet, dieses Notopfer zugunsten der Südländer und ihrer desolaten öffentlichen Haushalte zu erbringen? Diese Frage ist umso dringender, wenn man beobachtet, dass die Südländer die Zinsgeschenke mitnichten für die Sanierung ihrer Haushalte nutzen und sich hierzu auch noch bekennen. So hat die Bank von Piräus – welche selbst nur noch von den ELA-Notkrediten am Leben gehalten wird – ein Programm im Rahmen der »Bekämpfung der humanitären Krise« in Griechenland entworfen. Dieses sieht vor, dass bei Privatpersonen mit besonders niedrigem Einkommen auf die Rückzahlung von Darlehen und Kreditkartenschulden bis zu einem Betrag von 20.000 Euro verzichtet werden soll. Ebenso wurde angeboten, Immobilienkredite einzufrieren und die anfallenden Zinsen zu erlassen.[33]

33 Vgl. Die Welt, 24.4.2015, Griechische Bank erlässt ärmsten Kunden Schulden, http://www.piraeusbank.gr/en/Idiwtes/nomos-4320-2015/protovoulia-piraeus-gia-tin-anthropistiki-krisi

Die dreisteste Politik betreibt in dieser Hinsicht Frankreich, dessen Kommissar, *Pierre Moscovici*, in Brüssel dafür sorgt, dass die Pariser Regierung keine blauen Briefe erhält. Der Hinweis auf die enteignungsgleiche Wirkung der Nullzinspolitik gegenüber großen und kleinen Geldeigentümern wird ordnungspolitisch veredelt durch die langfristige Zerstörung, welche die EZB-Politik für jene Geschäftsmodelle mit sich bringt, die sich gerade in der Krise der Jahre 2007/2008 als besonders stabil und unverzichtbar für die Versorgung der Volkswirtschaft mit Krediten herausgestellt haben. Man mag über den kommunalen Charakter des deutschen Sparkassenwesens die Nase rümpfen. Auch kann man über die klaglose Inanspruchnahme der Sparkassenorganisation durch die jeweiligen Landesbanken, die nicht sehr erfolgreich das große Rad des Investmentbanking gedreht haben, den Kopf schütteln. Tatsache bleibt, dass die Sparkassen, und mit ihnen die Genossenschafts- und Raiffeisenbanken als Kapitalsammelstelle, jene Liquiditätsflutung nicht notwendig hatten, von der im Wege der Vollzuteilung Großbanken und Investmentbanken während und nach der Finanzkrise im Wesentlichen abhängig waren. Gerade deshalb, weil die Sparkassen nicht am »Tresen der Zentralbank« standen und stehen – denn sie werden durch die Einlagen von über 45 Millionen Sparinhabern vertrauensvoll unterstützt – waren sie in der Lage, ihre Kredittätigkeit aufrechtzuerhalten. Sie, die eine Bankenunion gar nicht nötig haben, weil sie ein eigenes Konkurssicherungssystem in ihre Organisation eingebaut haben, das im Übrigen von den Kunden mitbezahlt wird, werden sich, wenn die Nullzinspolitik weitergeht, das bisherige Zweigstellennetz nicht länger leisten können. Ein Kostenblock von 12 000 Filialen mit insgesamt circa 240 000 Mitarbeitern der ungefähren 416 Sparkassen wird auf Dauer nicht aufrechtzuerhalten sein, wenn die klassischen Kunden der Sparkassenfilialen sich als Einleger mangels Kreditgeschäft von diesen Instituten abwenden und sich damit die Refinanzierungsmöglichkeiten der Sparkassen fundamental zu wandeln beginnen. Zu allem Überfluss müssen eben jene Banken auch die Kosten für eine Europäische

Bankenaufsicht übernehmen, die sie von Anfang an abgelehnt haben. So hat die EZB die Aufsichtsgebühren für 2014 – 2015 auf 326 Millionen Euro festgesetzt.[34] 89 Prozent dieser Kosten entfallen auf die 123 bedeutenden Banken, darunter 21 deutsche (z.B. DZ-Bank, viele Landesbanken und auch die Hamburger Sparkasse), 11 Prozent entfallen auf die 3 500 weniger bedeutenden Banken, die nicht einmal direkt von der EZB beaufsichtigt werden, darunter die meisten Sparkassen und Volksbanken.

Nota bene: Es gibt in der Marktwirtschaft keinen Bestandsschutz für bestimmte Geschäftsmodelle. Dennoch mutet es erstaunlich an, dass ein Geschäftsmodell in Gestalt von Genossenschaftsbanken und Sparkassen, welches in Deutschland für außerordentliche Stabilität in der Kreditversorgung gesorgt hat, im Wege der Nullzinspolitik zwangsrationalisiert wird. So könnte der Verdacht entstehen, dass die in Brüssel tätigen Kräfte, die ohnehin die Sparkassenorganisation in Deutschland als ein Netz von Gebietskartellen ansehen, mit Hilfe der EZB ihrem Ziel ein Stück näher kommen wollen.[35] Parallel zu kartellrechtlichen Untersuchungen erklärte der Generaldirektor der EZB-Bankenaufsicht *Vesala* auf einer Konferenz in Frankfurt, dass die EZB in diesem Jahr einen Blick auf den öffentlich-rechtlichen und genossenschaftlichen Bankensektor in Deutschland werfen werde.[36]

Es ist kaum verwunderlich, dass sich in dieser historisch einmaligen Situation Vertreter des Finanzkapitalismus zu Wort melden und behaupten, dass gerade die niedrigen Zinsen zu einer Gefährdung

34 Siehe Pressemitteilung der EZB vom 29.4.2015, EZB-Bankenaufsicht setzt Aufsichtsgebühren für 2014-2015 fest.

35 Vgl. hierzu Art. 106 AEUV, wonach öffentliche Unternehmen ihre Marktstellung nicht ausnutzen dürfen und die Europäische Kommission berechtigt ist, Maßnahmen zu treffen, um die Geltung der Wettbewerbsregeln sicherzustellen.

36 Siehe Reuters Deutschland, 5.5.2015, EZB will europäische Großbanken erneut durchleuchten.

des Wachstums führen würden. Der legendäre *Bill Cross* wies bislang unwiderlegt darauf hin, dass die anhaltende Niedrigzinspolitik die Geschäftsmodelle institutioneller Investoren wie Versicherer und Pensionskassen, wenn nicht zerstören, so doch massiv gefährden würde. Diese Anleger hätten für längerfristige Anlagen kaum noch eine Rendite zu erwarten. Der zweite Hinweis ist noch einschlägiger: Unterstellt man ein rationales Verhalten beim Individualanleger, so schränkt er sich infolge der Nullzinspolitik beim Konsum ein und legt mehr Geld auf die hohe Kante, um für schlechtere Zeiten vorzusorgen. Was dies für die von der Pariser Regierung beschworene Binnennachfrage bedeutet, liegt auf der Hand.

4. Kapitel: Quantitative Easing: Vorspiel zum finanziellen Harmagedon?

Als *Mario Draghi* am 5. März 2015 nach langen Kämpfen innerhalb der Leitungsgremien der EZB gegen den ungebrochenen Widerstand der Bundesbank den Beschluss verkündete, ab März 2015 monatlich neben den bisherigen Käufen weitere 50 Milliarden Euro Anleihen des öffentlichen Sektors der Eurozone zu erwerben, war dies der (bisherige) Höhepunkt der seit 2007 andauernden unkonventionellen Geldpolitik. Vorausgegangen war eine Fülle von Maßnahmen im Zusammenhang mit der Bankenkrise im Jahre 2007/2008, um kurzfristig die Liquidität des Bankensektors sicherzustellen[37], sowie drei Pfandbriefaufkaufprogramme und verschiedene relativ großvolumige Interventionen am Staatsanleihemarkt im Jahre 2010. Letztere standen aber ausweislich der Ausführungen von *Jean-Claude Trichet* im engen Zusammenhang mit dem angeblichen Stillstand der Staatsschuldenmärkte und dem Bemühen der EZB, dieses »Marktversagen« durch Staatsanleihekauf und eine gleichzeitige Sterilisierung des Geldmengenwachstums durch EZB-Fazilitäten in den Griff zu bekommen. Das sogenannte *Security Market Programme* (SMP) wurde Gegenstand einer Klage von mehreren EU-Bürgern vor dem Gerichtshof der Eu-

37 Vgl. die sehr genaue Übersicht bei Hoffmann, Die EZB in der Krise – Eine Analyse der wesentlichen Sondermaßnahmen von 2007-2012, Berlin 2015.

ropäischen Union.[38] Die Bemühungen der Bürgergesellschaft, diese Geldpolitik als unvereinbar mit den EU-Verträgen zu brandmarken, scheiterte bisher an den hohen Zulässigkeitsvoraussetzungen von Klagen vor dem Gerichtshof der Europäischen Union im Unterschied zu Verfassungsbeschwerden vor den Karlsruher Richtern. Als im Sommer 2012 trotz der Bestätigung des Europäischen Stabilitätsmechanismus durch den EuGH und durch das Bundesverfassungsgericht gleichwohl der Staatsanleihemarkt bei Titeln der Südländer ins Schwanken geriet, brachte *Draghi* durch seine berühmte Londoner Rede (»whatever it takes«) und das nachfolgende OMT-Programm, also die Bereitschaft zu unbeschränktem Aufkauf von Staatsanleihen von Finanznotstandsländern, die Märkte vorübergehend wieder zur Ruhe. Auch diese Beschlüsse zum OMT vom 4. September 2012 sind Gegenstand einer Klage von mehr als 5 000 Bürgern vor dem Gerichtshof der Europäischen Union, die am 29. April 2015 auch in zweiter Instanz abgewiesen wurde.[39] Als die Verfassungsbeschwerdeführer ihre Klage in ESM-Verfahren erweiterten und den OMT-Beschluss als einen glatten Fall von *Ultra-Vires*-Handeln brandmarkten, legte das Bundesverfassungsgericht seine Zweifel im Beschluss vom 14. Januar 2014 im Wege eines sogenannten Vorabauskunftsersuchens dem Gerichtshof der Europäischen Union vor. Die mündliche Verhandlung am 14. Oktober 2014 in Luxemburg sowie das Gutachten des Generalanwaltes am 14. Januar 2015 ließen auf eine milde Beurteilung des Verhaltens der EZB durch den Gerichtshof der Europäischen Union schließen. Wie erwartet entschied der Gerichtshof der Europäischen Union am 16. Juni 2015, dass das OMT-

38 Vgl. hierzu Kerber, Die EZB vor Gericht, Stuttgart 2012.

39 Az. C-64/14 P. Die Unionsrichter begründen die abweisende Entscheidung mit der fehlenden unmittelbaren Betroffenheit der europäischen Kläger. Dies ist ein schwerer Schlag zulasten des Rechtsschutzes der Bürger gegen die EZB und andere europäische Organe. Wenn es so weitergeht, kann die EZB ihre Politik der eigenmächtigen Mandatserweiterung fortsetzen, ohne dass der davon belastete Bürger sich hiergegen gerichtlich vor dem EuGH wehren kann.

Programm der EZB vertragskonform und nicht zu beanstanden sei.[40] Die Gesamtheit der Sondermaßnahmen der EZB von 2007 – 2012 ist Gegenstand vieler Kontroversen und einer nahezu enzyklopädischen Darstellung durch *Daniel Hoffmann*.[41]

Im Unterschied zu den von 2007 – 2012 und kurze Zeit später getroffenen Maßnahmen[42] ist der geldpolitische Paukenschlag vom 5. März 2015 das Betreten einer *terra incognita*. Er markiert den Beginn einer Geldpolitik in einer qualitativ wie quantitativ neuen Dimension. Quantitativ handelt es sich um eine Maßnahme neuer Art, weil erstmalig die EZB die Erweiterung der Geldbasis als erklärtes Ziel ihrer Politik nennt (quantitative Lockerung). Von Sterilisierung – also der Neutralisierung des Geldmengeneffekts – wie noch bei den Maßnahmen des SMP ist keine Rede mehr. Qualitativ handelt es sich um Beschlüsse neuer Art, weil der angekündigte Umfang des Aufkaufprogramms zu den laufenden Programmen zusätzlich 50 Milliarden Euro monatlich bis Herbst 2016, indessen ohne terminliche Befristung, die bisherig bekannten QE-Programme in den USA, in England und Japan gemessen am Gesamtvolumen der laufenden Staatsanleihen weit übertrifft. Wird die Ankündigung – monatlich für 60 Milliarden Euro Staatsanleihen und ABS-Papiere zu erwerben – bis Herbst 2016 umgesetzt, würde das Eurosystem 2,5-mal so viele Anleihen erwerben, wie die Gesamtheit der Eurozonenregierungen in dieser Periode normalerweise emittiert. Damit wäre gemessen am Emissionsvolumen das Programm dreimal so umfangreich wie das der *Federal Reserve*, doppelt so groß wie das QE in Großbritannien

40 Beschluss des EuGH im OMT-Vorabentscheidungsverfahren am 16.6.2015, Rechtssache C-62/14.

41 Daniel Hoffmann, Die EZB in der Krise, Eine Analyse der wesentlichen Sondermaßnahmen der Europäischen Zentralbank von 2007-2012 (Dissertation 2015), Technische Universität Berlin, Fakultät VII.

42 Gemeint ist das dritte Covered Bond Purchase Programme (CBPP) sowie das sogenannte TLTRO-Programm.

und 1,5-mal so umfangreich wie das QE in Japan. Von den 6,3 Billionen Euro an öffentlichen Schulden der Eurozone stehen ca. 4 Billionen zum Kauf durch das Eurosystem zur Verfügung (Laufzeit 2 – 30 Jahre). Bis zum September 2016 wird das Eurosystem ein Viertel dieser Schuld halten. Für einen so hohen Teil der Schuld findet Handel nicht statt. Er ist dem Wettbewerb entzogen und vom Eurosystem versichert. Erst ca. 5 Jahre nach Beendigung des Ankaufprogramms im September 2016 werden 50 % der erworbenen Anleihen fällig geworden sein.

Die Entfristung des PSPP bzw. die Bedingung seiner Aussetzung abhängig zu machen vom Erreichen einer Inflationsrate von ungefähr 2 %, lässt der EZB alle Freiheiten, nicht nur ihre Nullzinspolitik, sondern auch das Staatsanleiheprogramm fortzuführen. Während die US-amerikanische *Federal Reserve* im Wege des sogenannten *tapering* das *quantitative easing* seit geraumer Zeit zurückfuhr und mittlerweile beendet hat, somit die Märkte darauf eingestellt sind, dass die Zeit der Niedrigzinsen vorbei sei, steigt die EZB – für ihren amerikanischen Kritiker *Paul Krugman* viel zu spät – in ein QE-Programm bisher unbekannten Ausmaßes ein.

Die Komplexität der getroffenen Maßnahmen und ihre Wirkungen verlangen nach einer detaillierten Beschreibung und einer abgewogenen Analyse. Das vorschnelle Urteil mancher Finanzjournalisten, so von *Anatole Kaletsky*[43], die EZB habe ein *underwriting* für die gesamte Staatsanleiheemission im Eurogebiet (mit Ausnahme von Griechenland) vorgenommen, entspricht nicht der Realität, auch wenn sich die Märkte sowie verschiedene Präsidenten nationaler Zentralbanken eine solche Vergemeinschaftung der Haftung für Staatsanleihen erhofft hatten. Von den monatlich vorgenommenen Aufkäufen

---

43 Vgl. Gavekal Dragonomics v. 1.4.2015.

von einem Volumen von 60 Milliarden Euro werden weiterhin 10 Milliarden direkt von der EZB in Pfandbriefe und ABS-Wertpapiere investiert. Für 44 Milliarden Euro werden Staatsanleihen und regierungsagenturnahe Anleihen erworben. Davon werden 4 Milliarden direkt durch die EZB und 40 Milliarden durch nationale Zentralbanken des Eurogebietes aufgekauft, wobei letztere sich auf öffentliche Mittel ihres jeweiligen Heimatlandes konzentrieren. Die verbleibenden 6 Milliarden Euro werden von den nationalen Zentralbanken direkt für den Erwerb von Anleihen supranationaler europäischer Institutionen aufgewandt, deren hypothetische Verluste gemeinsam zu tragen wären.[44]

Die Aufteilung des Kaufprogramms des Eurosystems

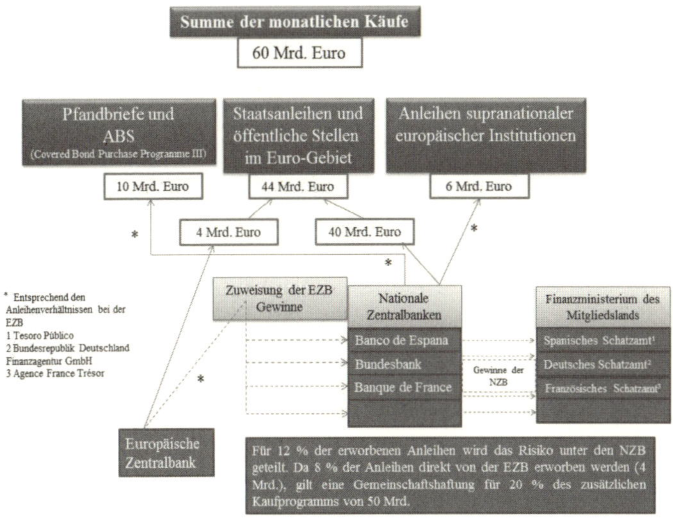

44 Vgl. ECB, Implementation Aspects of the Public Sector Purchase Programme (PSPP), https://www.ecb.europa.eu/mopo/liq/html/pspp.en.html, 22.1.2015.

Daher ist eine Gemeinschaftshaftung, die auch Ausfallrisiken für die Deutsche Bundesbank beinhaltet, auf 10 Milliarden Euro monatlich beschränkt. Was passiert, wenn eine der Südländerzentralbanken in Folge von Rückzahlungsschwierigkeiten des Euromitgliedstaates diese Forderung (gegen den eigenen Staat) wertberichtigen muss? Wie wirkt sich die negative Bilanz einer nationalen Zentralbank des Eurosystems auf die Reputation des gesamten Eurosystems und der EZB aus? Diese Fragen sind noch ungeklärt. Sie stellen sich indessen bohrender als jemals zuvor in dem Maße, wie die EZB – entgegen ihres QE-Beschlusses – nun immer mehr Wertpapiere in das Aufkaufprogramm einbezogen hat. Dazu gehören neben den Anleihen von Staatsunternehmen[45] jetzt sogar Unternehmensanleihen. Die Ausweitung der Emissionsliste geschah rein willkürlich ohne Bekanntmachung oder Begründung.

Die Wirkungen des QE sind bereits spürbar und auch für das breite Publikum fassbar. Fangen wir mit den vermeintlich positiven, nicht intendierten Wirkungen des QE-Programms an: Der Aufkauf von monatlich 50 Milliarden Euro Staatsanleihen unterschiedlicher Provenienz der Eurozone nivelliert weiter die Zinsdifferentiale zwischen Nord- und Südstaaten und sichert infolgedessen die ausstehende Schuld wackeliger Schuldnerländer gegen Ereignisse, die zu einer Verunsicherung der Märkte führen könnten und damit die Zinsdifferentiale wieder steigen lassen würden. Dadurch, dass die nationalen Zentralbanken und die EZB darum ringen müssen, am Markt für öffentliche Anleihen der Eurozone das monatliche Debit von 50 Milliarden Euro Aufkaufvolumen zu erfüllen, dürften externe Schocks keine Erschütterungen an den Staatsschuldenmärkten auslösen. Der wahrscheinlichste Fall eines externen Schocks ist die Zahlungsunfähigkeit Griechenlands. Während 2010 die Sogwirkung eines solchen

45 FAZ vom 3.7.2015.

Ausfalls Griechenlands für ohnehin schon wackelige Emittenten wie Portugal und Irland und in deren Folge gegebenenfalls Spanien und Italien zu Recht oder zu Unrecht befürchtet worden war, schafft das QE-Programm die kapitalmarktmäßigen Voraussetzungen für einen glatten Ausstieg Griechenlands. Sei es, dass Griechenland selbst in Folge eines Staatskonkurses aus der Eurozone austritt, sei es, dass Griechenland ein solcher Austritt in Verbindung mit materiellen Anreizen von den Eurozonenländern nahegelegt wird. Die Reaktion der Märkte auf die faktische Zahlungsunfähigkeit Griechenlands seit dem 1. Juli 2015 bestätigt diese Einschätzung. Die Zinsen für Peripherieländer stiegen um circa 35 Basispunkte, normalisierten sich aber schnell wieder.

Den anderen intendierten Effekt des *quantitative easing* haben die Eigentümer von Euronoten bereits im Vorfeld zum QE-Beschluss der Europäischen Zentralbank zu spüren bekommen. Seitdem das QE-Programm politisch feststand, haben die Devisenmärkte die Kursentwicklung des Euro vorweggenommen. Insbesondere im Verhältnis zum Dollar befindet sich der Euro seit November 2014 auf einer rasanten Talfahrt. Verstärkt wird diese Talfahrt noch von Marktprognosen jener Kreditinstitute, die ganz augenscheinlich Wetten auf ein bestimmtes Kursverhältnis von US-Dollar und Euro eingegangen sind. So sieht *Goldman Sachs* bereits seit Sommer 2014 Euro und Dollar im Laufe des Jahres 2015 in einem paritätischen Verhältnis.

Die rasante Abwertung des Euro auf den Devisenmärkten wird eine Reihe von Wirkungen zeitigen, die von der EZB höchst ambivalent beurteilt werden dürften, wenn es mit rechten Dingen zugeht:

Da die Volkswirtschaften der Eurozone ihre Ölkäufe in Dollar fakturieren, dürfte trotz des gesunkenen Ölpreises mit einer importierten Inflation aufgrund der Abwertung des Euro gegenüber dem Dollar zu rechnen sein. Dies mag der Erreichung des Inflationsziels der EZB näher kommen, stoppt indessen die Wachstumsimpulse, die bislang von dem sinkenden Ölpreis ausgegangen sind.

Für die bisher bereits wettbewerbsfähigen Länder, wie Deutschland, Niederlande, Österreich, Finnland, führt die Abwertung des Euro im Verhältnis zum Dollar und zu anderen Währungen zu einer erneuten Steigerung ihrer Kompetitivität. Der so forcierte Wechselkurs des Euro im Verhältnis zu anderen Währungen entspricht mitnichten jenem Preis, der sich marktmäßig herausgebildet hätte, wenn diese Länder nicht Teil der Eurozone wären, beziehungsweise ein QE-Programm unterblieben wäre. Die mittelfristigen negativen Auswirkungen werden nicht ausbleiben: Eine Volkswirtschaft, die auf Dauer mit einer Wechselkursparität vorliebnehmen kann, die nicht ihrer Kompetitivität entspricht, und statt aufzuwerten, abwertet, unterlässt die notwendigen Rationalisierungsinvestitionen und macht es sich bequem. Der von vielen Deutschlandkritikern immer wieder bekrittelte Leistungsbilanzüberschuss wird noch einmal steigen und Ausmaße erreichen, die bei den Brüsseler Kommissaren neue *Monita* provozieren dürften. Herr *Schäuble* muss sich dann für etwas rechtfertigen, was kausal in der Wechselkursmanipulation der EZB angelegt ist.

Aufgrund des Zinsdifferenzials zwischen USA und Eurozone sowie angesichts des Wechselkursverfalls des Euro gegenüber dem Dollar sind gewaltige Kapitalströme aus der Eurozone bereits in die USA gelangt. In umgekehrter Richtung fließt amerikanisches Kapital in die Eurozone, um bei europäischen Unternehmen auf Einkaufstour zu gehen.

Die Technik der *carry trades* ist bekannt. Der bisherige Nichteuroanleger wechselt seine Investments in Euro, um dann außerhalb des Eurogebietes unter Nutzung der Nullzinspolitik Investments zu tätigen. Wieso dies zu einem Wachstumsimpuls in der Eurozone führen soll, hat bislang kein Nationalökonom zu erklären vermocht.

Carry Trade

Carry Trade bezeichnet die Aufnahme von Fremdmitteln in einer Währung mit niedrigerem Leitzins und die Wiederanlage dieser Mittel in einer anderen Währung zu einem höheren Zins.

(Quelle: Deutsche Bundesbank)

Von der Verteuerung der Auslandsreisen für die lieben Bundesbürger wollen wir an dieser Stelle gar nicht mehr reden. Sie ist den EZB-Oberen genauso egal wie das Geschäftsmodell der deutschen Genossenschaftsbanken und Sparkassen, die durch eine anhaltende Nullzinspolitik im Kern getroffen werden.

Obschon die EZB bei Verkündung des QE-Programms *expressis verbis* immer wieder die Regierungen der Euroländer zur Konsolidierung der öffentlichen Finanzen ermahnt, dürfte eine gegenteilige Wirkung haben. Die Kombination aus gigantischen Staatsanleiheaufkäufen und Nullzinspolitik haben jeden Anreiz zur Reform der öffentlichen Ausgabenpolitik, insbesondere in den problematischen Ländern wie Italien und Frankreich beseitigt. Mehr noch. Monsieur *Coeuré*, der innerhalb der EZB für die Implementierung des QE-Programms zuständig ist und nicht zu Unrecht als einer seiner Väter gilt, hat mit demselben dem französischen Staatspräsidenten das politische Überleben einstweilig gesichert. Ein Land wie Frankreich, das zur Konsolidierung seiner öffentlichen Finanzen nach Meinung der Europäischen Kommission ein Kostensenkungsprogramm von mindestens 80 – 90 Milliarden Euro durchführen müsste, sah sich bisher nicht einmal in der Lage, eine Ausgabensenkung von 50 Milliarden über drei Jahre ins Werk zu setzen. Die Reformstarre bei öffentlichen Ausgaben und insbesondere die Präponderanz von konsumtiver Staatsausgaben wird durch das QE-Programm weitgehend perpetuiert. Daran werden die Appelle der EZB nichts ändern.

Selbst Befürworter des Programms zweifeln an, dass QE in der Eurozone die gleichen Wirkungen haben wird wie in den USA. Erklärtes Ziel der *Federal Reserve* war demnach, die Investitionen durch nachhaltig sinkende, langfristige Zinsen als Voraussetzung zur Belebung der Wachstumskräfte in den USA zu verbilligen. Angesichts der Finanzierungsusancen in den USA konnte von einem Aufkaufprogramm vernünftigerweise ein solcher Effekt erwartet werden. Amerikanische Unternehmen finanzieren sich zu einem sehr viel größeren Umfang als europäische Unternehmen über den Kapitalmarkt. Ob das Staatsanleiheaufkaufprogramm des Eurosystems auch die langfristigen Zinsen der Banken nachhaltig beeinflussen wird, ist eine völlig offene Frage. Dies gilt umso mehr, als diese Zinsen bereits zum gegenwärtigen Zeitpunkt auf einem historisch niedrigen Stand liegen. Dennoch ist weder bei der Kreditnachfrage noch bei der Kreditvergabebereitschaft ein positiver Trend zu verzeichnen.

Schließlich eine Beobachtung, die bislang in der öffentlichen Debatte über das QE-Programm der EZB weitgehend fehlt: Die EZB hat keine Befugnis dafür, den Wechselkurs des Euros zu beeinflussen.[46] Sie hat bislang auch immer wieder darauf verwiesen, dass sie bei keiner ihrer Maßnahmen ein Wechselkursziel verfolge. Dennoch sind die Wechselkurswirkungen des QE-Programms mit Händen greifbar. Mehr noch: Die vereinigten Wirtschaftspolitiker jener Länder, die erhebliche außenwirtschaftliche Schwierigkeiten haben – allen voran Frankreich – fordern seit jeher eine Wechselkurspolitik, die außenwirtschaftlichen Überlegungen folgt. So hat der alte französische Wunsch, die Geldpolitik als einen Teil der Außenwirtschaftspolitik

46 Vgl. hierzu Siekmann, Kommentar zur EWU, Art. 142 AEUV, Rz. 6 ff.

anzusehen, endlich in *Mario Draghi* einen verständigen Vollstrecker gefunden.

Es ist erstaunlich, dass sich die deutsche Politik unter Hinweis auf die Unabhängigkeit der EZB diesen Paradigmenwechsel gefallen lässt. Auch aus der Bundesbank gab es nur kleinlauten Protest und Hinweise darauf, dass eine auf Preisstabilität ausgerichtete Geldpolitik keine außenwirtschaftlichen Vorgaben befolgen müsse.

Zusammenfassend muss festgestellt werden, dass die QE-Beschlüsse der EZB ein Ausdruck großer Verzweiflung sind. Diese Verzweiflungstat ist der Gipfel einer Politik, deren Vereinbarkeit mit dem Mandat der EZB nicht nur politisch kontrovers diskutiert, sondern in Obergerichten gegenwärtig untersucht wird. Davon abgesehen haben *Draghi, Coeuré* und *Constâncio* in der EZB gegen den Willen der Leistungsbilanzüberschussländer – dem eigentlichen ökonomischen Rückgrat der Eurozone – mit dem QE jenes Vertrauen zerstört, das die Deutschen ihrer eigenen Zentralbank – der Deutschen Bundesbank – in Nibelungentreue und gegebenenfalls zur Unterstützung gegen die Bundesregierung stets entgegengebracht hatten.

Geld- und Währungspolitik lebt stets von dem billigenden Verständnis derjenigen, die dieser Politik nicht nur unterworfen, sondern ausgeliefert sind. Das Gefühl, ausgeliefert zu sein, verbunden mit ohnmächtiger Wut, insbesondere bei vielen Sparern, die sich um die Früchte ihrer Sparsamkeit gebracht sehen, wird irgendwann umschlagen. Dann spätestens, wenn sich entgegen allen Prophezeiungen der EZB-Oberen die unkonventionellen Maßnahmen der EZB als für das Wirtschaftswachstum insignifikant und kontraproduktiv für die öffentlichen Haushalte in den Südländern herausgestellt haben. Bis dahin wird noch einige Zeit vergehen. Die Kontroverse fängt erst an. Währenddessen stellt sich die bohrende Frage, ob es überhaupt einen Weg aus der Kombination von Staatsanleiheaufkäufen und Nullzinspolitik gibt. Regierungen und Südländerbanken rechnen auf Dauer mit niedrigen Zinsen und der Möglichkeit, ihre Staatsanleihen-Portfolios beim Eurosystem auszukehren. Die Verfestigung dieser Erwartungshaltung von reformunwilligen Regierungen wie Frankreich und den Banken Italiens, die auf diese Weise ihre immensen Portfolios italienischer Staatsanleihen an die *Banca d'Italia* abgeben können, wird sich gefährlich auf die Finanzstabilität auswirken. Die Bemühungen des Gesamtverbandes der Deutschen Versicherungswirtschaft, durch eine gutachterliche Stellungnahme des Instituts der Deutschen Wirtschaft einen solchen Weg aus der Nullzinspolitik zu weisen, dürften politisch zum gegenwärtigen Zeitpunkt gescheitert sein.[47]

Die Wirkungen, die von der Kombination aus QE und Nullzinspolitik langfristig für eine Volkswirtschaft ausgehen, sind umstritten. Dabei geht es nicht nur um die berühmte Blasenbildung im Immobiliensektor, sondern auch darum, die strukturelle Wirkung einzuschätzen, die von der Suspendierung des Zinses, also der marktgerechten Belohnung des Risikos für Gläubiger und Kreditgeber ausgeht. Die Debatte hierzu dauert gegenwärtig an.

Sie knüpft an bei der Frage nach der Definition des Zinses.[48] Wenn man jenseits der mittlerweile tradierten Debatte zwischen österreichischer Schule und Keynesianern mit *Gunnar Heinsohn* die Geldschaffung durch die Abspaltung von Sicherungsrechten des kreditnehmenden oder kreditgebenden Eigentümers im Austausch gegen Pfandrechte sowie einen entsprechenden Zins erklärt[49], so kompensiert der Zins die Aufgabe der Eigentumsprämie. Wird er künstlich,

47 Institut der deutschen Wirtschaft Köln, Das aktuelle Niedrigzinsumfeld: Ursachen, Wirkungen, Auswege, Köln 2014.

48 Hierzu die sehr verständliche Darstellung bei Thomas Mayer, Die neue Ordnung des Geldes – Warum wir eine Geldreform brauchen?, München 2014, S. 100 ff.

49 Vgl. hierzu Heinsohn/Steiger, Eigentumsökonomik, 2. Auflage, Marburg 2008, S. 239 ff.

was nur Zentralbanken bewirken können, unter diese Prämie gedrückt, so wandelt sich eine Währung von Gläubigergeld in Schuldnergeld, weil erstklassige Sicherheiten nicht mehr riskiert werden. Je stärker die Zentralbank den Leitzins senkt und gleichzeitig versucht, Banken durch negative Einlagezinsen zum Kreditgeschäft zu nötigen, umso mehr nimmt sie die Umverteilung von Sparervermögen zugunsten von schuldenmachenden Regierungen in Kauf. Dies alles geht einher mit einer fremdfinanzierten Befeuerung der Aktienmärkte, die die Börsenindizes auf neue Höchststände treibt und den Zusammenhang von Aktienmarkt und real existierender Ökonomie vollständig beseitigt. Damit werden Anleger, insbesondere Sparer, zu einem Ausweichverhalten provoziert, welches nicht nur die Blasenbildung riskiert, sondern Sparervermögen einem Risiko aussetzt, das im Hinblick auf seine Zweckgebundenheit und Limitiertheit problematisch ist.

Die Nullzinsökonomie der Europäischen Zentralbank ist indessen symptomatisch für eine sehr viel weiterreichende Aushöhlung des Euro als Währung. Denn sie geht einher mit einer Kollateralpolitik der EZB gegenüber den Kreditinstituten, die die Verleihung von Zentralbankgeld zugunsten von Kreditinstituten immer stärker von den damit verbundenen Eigentumssicherungsrechten löst. Mit Kollateralpolitik ist die Gesamtheit der Regeln gemeint, mit denen die EZB anhand eines Sicherungsverzeichnisses Kreditinstituten Zentralbankkredite gewährt. Sie ist gehalten, nicht irgendwelche Sicherheiten zu akzeptieren, sondern muss stets überprüfen, ob die im Gegenzug zu einem Zentralbankkredit eingereichten Sicherheiten auch »ausreichend« sind. Normalerweise sind die von einer Notenbank akzeptierten Sicherheiten von besonderer Qualität. Abzüglich eines sogenannten Abschlags (*hair-cut*) sollten sie in der Regel dazu ausreichen, das Risiko der Zentralbank bei Ausfall des Kredites vollumfänglich abzusichern. Jedwede Zentralbank, so auch die EZB, ist schon aufgrund der eigenen Reputation gehalten, von Banken nur Sicherheiten von höchster Qualität zu akzeptieren. Hiervon hat die EZB im Falle Griechenlands, Irlands und Portugals in der Hinsicht eine Ausnahme gemacht, als sie die Staatsanleihen dieser Länder als Sicherheiten für Kreditgeschäfte akzeptierte, obwohl aufgrund der Finanznotstände in den betroffenen Ländern die Bonität dieser Forderungen fraglich war. Die EZB rechtfertigte diese Ausnahmeentscheidung mit der Perspektive einer Verbesserung der Bonität der betroffenen Länder durch die in Angriff genommenen Sanierungsprogramme.

Doch mit diesen Ausnahmeentscheidungen ging eine sehr viel systematischere Weiterentwicklung der Kollateralpolitik der EZB einher. Zum Jahreswechsel 2011/2012 revidierte die EZB ihre bis dahin geltenden langwierigen Bemühungen um eine Vereinheitlichung der Kollateralpolitik zwischen allen Zentralbanken des Eurosystems. Die Devise: »Eine Währung – eine Kollateralpolitik« sollte nicht länger gelten. Es wurden nicht nur tendenziell die Anforderungen der EZB und des Eurosystems an die Kollaterale gesenkt. Mehr noch: Die nationalen Zentralbanken des Eurosystems sollten die Möglichkeit erhalten, ihrerseits die Anforderungen noch einmal zu senken. Hiervon haben mehrere Zentralbanken der ohnehin instabilen Länder (Spanien, Griechenland, Italien, Irland, Portugal, Frankreich), aber auch Österreich Gebrauch gemacht. Man darf in diesem Zusammenhang nicht nur von einer Rückentwicklung der unter schwierigen Bedingungen erzielten Einheitlichkeit der Kollateralpolitik sprechen. Vielmehr sind nun die nationalen Zentralbanken relativ frei, die Bindung des Zentralbankenkredits an eine eigentumstypische Sicherung zu lockern. Damit hat sich die EZB der Möglichkeit begeben, im Einzelnen zu kontrollieren, ob die nationalen Zentralbanken an Kreditinstitute Zentralbankkredite unter Zugrundelegung von *ausreichender* Sicherheit gewähren. Dies ist ein weiterer bedeutender Schritt zur Aushöhlung der eigentümerischen Substanz des Euro als einheitliche Währung der Eurozone. Auf diese Weise leistet die EZB unter Aufrechterhaltung desselben Nominalwerts des Euro als Banknote der »Föderalisierung der Währung« Vorschub.

Bisher konnten die Nutzer des Euro als Währung die Herkunft der Banknoten eindeutig identifizieren und waren sich daher auch über die eventuell unterschiedliche Güte dieser Banknoten im Klaren. Besonders markant war die Kennzeichnung der Banknoten, die von der griechischen Zentralbank herausgegeben wurden, durch ein Ypsilon (»Y«). Diese Kennzeichnung ist einher mit der Föderalisierung der Kollateralpolitik – trotz Aufrechterhaltung einer Einheitswährung im Währungsgebiet – aufgegeben worden. Mit der Autonomisierung der Kollateralpolitik ist ein Erosionsprozess im Eurowährungsgebiet eingeleitet worden, der schwerlich revidiert werden kann. Mehr noch: Niemand, auch nicht die Repräsentanten der traditionellen Hartwährungsländer, ist bereit, dieses Phänomen näher zu problematisieren. Währenddessen könnte eine griechische Regierung versucht sein, als Mitglied der Eurozone unbeschränkt Bargeld drucken zu lassen. Die Beseitigung der Kennzeichnung (»Y«) des Herkunftslandes hat hierfür die faktischen Voraussetzungen geschaffen.

5. Kapitel: Schafft die EZB die Marktwirtschaft ab?

In seiner Radikalkritik des Kapitalismus hat *Karl Marx* Märkte als ein anarchisches System charakterisiert. Die ihnen innewohnende Krisenhaftigkeit führe strukturell zu einer Instabilität, die, abgesehen von der ungerechten Vermögensverteilung, Freiheit und Wohlfahrt für viele ausschließe. Der renommierteste Vertreter des deutschen Ordoliberalismus, *Ernst-Joachim Mestmäcker*, ist dieser zeitbedingten Analyse stets mit dem Postulat entgegengetreten, dass man den der Marktwirtschaft konstitutiven Wettbewerb rechtlich ordnen müsse, um ihn so als ein Entmachtungsinstrument – und nicht nur als ein effizientes Allokationssystem – einsetzen zu können.[50] Zu dieser Verfassung des Wettbewerbs gehört das Kartellrecht als Grundgesetz der Marktwirtschaft. Obschon das Gesetz gegen Wettbewerbsbeschränkungen von der deutschen Industrie in den fünfziger Jahren genauso bekämpft wurde wie die Wettbewerbsregeln der Europäischen Verträge von der französischen Regierung ignoriert wurden, hat sich an der gesellschaftlichen Akzeptanz eines Regelsystems, das den Wettbewerb garantieren soll, nichts geändert. Diese Regeln haben zum einen die privatautonom veranlassten Wettbewerbsbeschränkungen durch Kartelle, Behinderungsmissbräuche, marktbeherrschende Stellungen und abgestimmtes Verhalten sowie monopolisierende Zusammenschlüsse durch Privatunternehmen im Visier. Zum anderen muss der verfasste Wettbewerb in Gestalt der Marktwirtschaft

50 Vgl. Ernst-Joachim Mestmäcker, Die sichtbare Hand des Rechtes – Über das Verhältnis von Rechtsordnung und Wirtschaftssystem, 1. Auflage 1978, S. 11 ff.

stets gegen Verfälschung durch den Staat – einen strukturellen Wettbewerbsverfälscher – angehen. Ob in Gestalt von öffentlichen Unternehmen oder manipulierten Ausschreibungen, der Staat steht stets in der Versuchung, nach übergeordneten Gesichtspunkten das Ergebnis des Wettbewerbs der Unternehmen zu beeinflussen. Besonders problematisch wird die Einhegung dieser staatlich veranlassten Wettbewerbsbeschränkungen, wenn es sich um supranationale staatliche Organisationen handelt. Dafür liefert die Europäische Zentralbank ein mustergültiges Beispiel.

Sie, die Tochtergesellschaft von 28 EU-Mitgliedsländern beziehungsweise ihren Zentralbanken, von denen 19 Stimmrechte haben, ist zwar kein Unternehmen im Sinne der europäischen Wettbewerbsregeln. Gleichwohl gelten die Postulate der europäischen Verträge und ihre Verpflichtung auf einen Beitrag zur Herstellung des einheitlichen Binnenmarktes im Wege eines Systems unverfälschten Wettbewerbs in ganz besonderer Weise. Die seit 2007 mit immer neuen unkonventionellen Maßnahmen vorangetriebene Krisenpolitik der EZB hat stets in einem natürlichen Spannungsverhältnis zum wettbewerblichen Postulat der europäischen Verträge gestanden. Mit dem Ankaufprogramm für sogenannte *asset backed securities*, dem dritten Pfandbriefaufkaufprogramm und dem sogenannten TLTRO-Maßnahmenpaket und schließlich dem *quantitative easing* haben die Wettbewerbsverfälschungen eine Dimension erreicht, die jene anarchische Marktzerstörung befürchten lässt, die *Karl Marx* im 19. Jahrhundert vorhergesehen hatte. Beim TLTRO-Programm, welches aufgrund der geringen Akzeptanz durch die Banken nur begrenzte Wirkung entfaltete, liegen die Dinge auf der Hand. Kreditinstitute bekommen nur dann Zentralbankgeld, wenn sie dieses innerhalb einer bestimmten Frist, für eine bestimmte Dauer, in bestimmten Kategorien von Kreditgeschäften ihren Kunden zur Verfügung stellen. Damit hat die EZB die Schwelle zur Zentralkreditverwaltungswirtschaft endgültig überschritten. Denn in einer Marktwirtschaft spielt die Risikoevaluierungsfunktion der Banken eine zentrale volkswirtschaftliche Rolle. Dementsprechend wird die gute Risikoevaluierung belohnt und die schlechte Risikoevaluierung jedenfalls idealtypisch durch Wertberichtigungen oder Abschreibungen betriebswirtschaftlich bestraft. Nunmehr substituiert die EZB genau diese Funktion im Rahmen des TLTRO-Programms. Sie schreibt mikroökonomisch den Kreditinstituten vor, welche Form von Kreditgeschäften unter Nutzung des von ihr zur Verfügung gestellten Zentralbankgeldes – zu besonders günstigen Konditionen – getätigt werden können.

Die zurückhaltende Aufnahme dieses Instruments durch die Marktteilnehmer wundert also niemanden, denn eine derartige Gängelung der Kreditinstitute durch die Zentralbank ist bei den Banken wenig populär.

Gezielte längerfristige Refinanzierungsgeschäfte (TLTRO)

Die gezielten längerfristigen Refinanzierungsgeschäfte (GLRG, engl. Targeted Longer-Term Refinancing Operations, TLTRO) sind modifizierte längerfristige Refinanzierungsgeschäfte des Eurosystems, die einer Verbesserung der Kreditvergabe der Banken an den nichtfinanziellen Sektor des Euroraums und somit der Funktionsfähigkeit des Transmissionsmechanismus dienen sollen. Die Geschäfte werden in gewöhnlich vierteljährlichem Abstand von September 2014 bis Juni 2016 durchgeführt. Die Höhe der den Banken gewährten Kredite richtet sich nach deren ausstehendem Kreditvolumen an den nichtfinanziellen privaten Sektor. Der Zinssatz entspricht dem zum Zeitpunkt der Inanspruchnahme geltenden Zinssatz für die Hauptrefinanzierungsgeschäfte zuzüglich eines festen Aufschlags von 10 Basispunkten und gilt für die gesamte Laufzeit des jeweiligen Geschäfts. Alle GLRGs werden im September 2018 fällig.

Quelle: Deutsche Bundesbank

Wettbewerbsverfälschungen von ganz anderer Dimension finden indessen beim EZB-Ankaufprogramm für Pfandbriefe statt. Der Verband deutscher Pfandbriefbanken beklagt sich regelmäßig über den »*big investor*«, wie man die EZB kritisch nennt. Seitdem die EZB das dritte *Covered Bond Purchase Programme* im dritten Quartal 2014 verkündete, hat sie Banken und Fonds sehr wesentlich vom Markt verdrängt. Zum Ende des vergangenen Jahres lag ihr Anteil an Pfandbriefen bei circa 50 Prozent. Dieses systematische *crowding out* lässt für private Zeichner und Erwerber von Pfandbriefen naturgemäß nur die schlechteren Risiken übrig. Sie sind im Gegensatz zur Zentralbank nicht zur Geldschöpfung fähig und können daher preislich der EZB nichts entgegensetzen. Dass sich die Zentralbanken bei *covered bonds* bis zu 40 Prozent an der jeweiligen Emission beteiligen können, reduziert nicht nur das Neuemissionsrisiko, sondern führt am Markt zu einer Angebotsverknappung, die natürlicherweise wettbewerbsverfälschend wirkt.[51]

Das, was die EZB gegenwärtig davon abhält, die Wettbewerbsfunktion von Märkten völlig zu suspendieren, ist das formal beachtete Verbot der monetären Staatsfinanzierung, also der Zeichnung von staatlichen Erstemissionen auf dem Primärmarkt. Die EZB und mit ihr die Zentralbanken des Eurosystems dürfen nur auf dem Sekundärmarkt Anleihen erwerben. Aber die Megastruktur, die die Euroretter seit 2010 geschaffen haben, lässt hinreichend Spielräume, um diese Verbote zu umgehen. Um dies im Einzelnen zu erläutern, ist ein Blick auf den Europäischen Stabilisierungsmechanismus und sein Funktionieren im Zusammenspiel mit der EZB vonnöten.

---

51 Diese Phänomenologie der Marktverdrängung durch TLTRO, *Covered Bond Purchase Programme* und QE kann an dieser Stelle nicht näher ausgeführt werden.

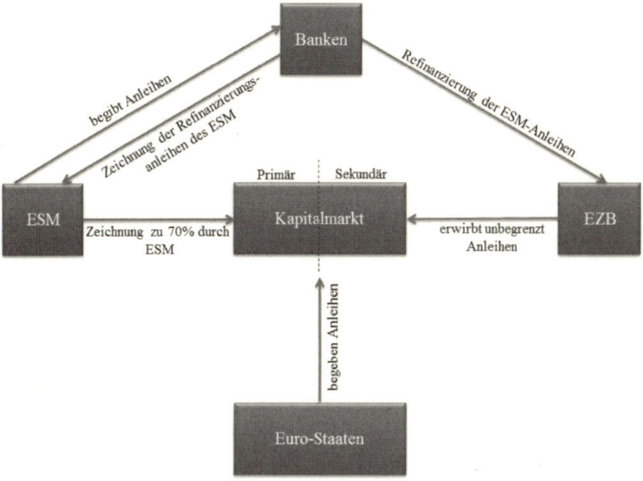

Das vorstehende Schaubild erläutert das kollusive Zusammenspiel von EZB, Banken und ESM sowie den sie tragenden Staaten der Eurozone bereits vor Beginn des *Public Sector Purchase Programme* (QE) im März 2015. Den Schlüssel für das Verständnis der Arbeitsteilung zwischen ESM und EZB liefert die Unterscheidung zwischen Primärmarkt und Sekundärmarkt. Der Primärmarkt ist jener Teil des Kapitalmarkts, auf dem Staaten ihre Anleihen emittieren. Sie werden dort nicht erworben, sondern von dem jeweiligen Gläubiger gezeichnet. Die Zeichnung von Anleihen auf dem Primärmarkt ist der EZB zweifelsfrei – wie sie auch stets betont – aufgrund von Art. 123 AEUV untersagt. Eine solche Praxis würde als ein Verstoß *in flagranti* gegen das Verbot der monetären Staatsfinanzierung gewertet werden. Sie nimmt indessen für sich das Recht in Anspruch, sowohl aufgrund des OMT-Programms als auch aufgrund des *Public Sector Purchase Programme* unbegrenzt Staatsanleihen auf dem Sekundärmarkt zu erwerben. Dieser Sekundärmarkt entsteht begriffslogisch eine Sekunde nach Zeichnung der Staatsanleihen auf dem Primärmarkt. Der Weiterverkauf erfolgt also stets auf dem Sekundärmarkt. Da die Unterscheidung zwischen Primärmarkt und Sekundärmarkt also begrifflich an dieser logischen Sekunde hängt, hat der Generalanwalt des Gerichtshofs der Europäischen Union bei der Beurteilung des OMT-Programms eine hinreichend lange Stillhaltefrist zwischen Zeichnung am Primärmarkt und Erwerb von Staatsanleihen am Sekundärmarkt für gegebenenfalls erforderlich gehalten. Andernfalls würde die EZB trotz Unterscheidung zwischen Primärmarkt und Sekundärmarkt gegen das Verbot der monetären Staatsfinanzierung verstoßen.[52] Sie umgeht dieses Verbot in der Sache dennoch dadurch, dass ihr der ESM, also der Europäische Stabilitätsmechanismus, aus der Patsche hilft. Denn der ESM kann im Vorgriff auf die Unterzeichnung eines Länderprogramms vorläufige Unterstützungsmaßnahmen sowohl durch Unterstützungskredite als auch durch die Zeichnung von Staatsanleihen auf dem Primärmarkt von bis zu 70 Prozent des Emissionsvolumens vornehmen. Die Eurostaaten, deren Zinsdifferentiale, also die Kosten für die Fremdfinanzierung ihrer Schuld, sehr weit angeglichen worden sind, können also beruhigt sein. Bei der allfälligen Finanzierung ihres hohen Schuldenportfolios können sie in Notfällen auf einen ESM vertrauen, der 70 Prozent des Emissionsvolumens auf dem Primärmarkt im Rahmen einer vorläufigen Unterstützungsmaßnahme sogar ohne abgeschlossenes Länderprogramm zeichnet. Nach Verstreichen einer Schamfrist kann der ESM das gesamte Anleihevolumen an die EZB weiterreichen. Der ESM ist lediglich im Zeichnungsvolumen beschränkt. Dies ergibt sich zum einen aus den Statuten, die vorsehen, dass er nur bis zu 70 Prozent der Erstemission zeichnen kann. Damit ist aber nur das Zeichnungsrisiko limitiert. Zum anderen ist sein Interventionsvolumen durch die zur

52 Der Gerichtshof der Europäischen Union ist dieser Empfehlung des Generalanwalts gefolgt und hat die Argumentation in seinem Beschluss vom 16.6.2015 übernommen. Weitere Ausführungen zum Beschluss des EuGH im OMT-Vorlageverfahren erfolgen später.

Verfügung stehenden Mittel beschränkt. Der ESM disponiert über erhebliche Barmittel, muss sich indessen auf den Kapitalmärkten refinanzieren, um die entsprechenden Emissionsvolumina der Eurostaaten zeichnen zu können. Dabei stehen ihm die Banken gern zur Seite und zwar aus zwei Gründen:

- Zum einen, weil die Refinanzierungsanleihen des ESM notenbankfähig sind: Sie können bei der EZB eingereicht und abzüglich eines *haircuts* refinanziert werden.

- Zum anderen, wenn es für eine Bank wirklich brenzlig wird, dann stehen die ESM-Gelder für die Rekapitalisierung der Banken – wie bereits in Spanien geschehen – zur Verfügung.

Die durch das kollusive Zusammenspiel von ESM, EZB-Banken und Eurostaaten geschaffene finanzkapitalistische Megastruktur ist also eine zunehmend undurchschaubare, sich autonomisierende Machtinstanz. Sie hat folgende Ziele:

- die monetäre Staatsfinanzierung der Eurostaaten – ökonomisch betrachtet – möglich zu machen

- den Wettbewerb der Eurostaaten auf dem Markt für Staatsschulden nachhaltig zu verfälschen

Aus alledem ist leicht absehbar, welchen Verirrungen die Euroretter anheimgefallen sind, um ein Projekt vor dem Urteil der Märkte zu bewahren, das längst gefallen ist.

Die neuen Schutzbefohlenen der EZB sind aber nicht nur die Banken. Die Nähe zum Finanzsektor lässt Grenzen verwischen, die jede Zentralbank tunlichst einhalten sollte. Nicht so indessen das französische Mitglied im EZB-Direktorium Monsieur *Coeuré*. Frankreichs wichtigster Mann in der EZB, von dem viele behaupten, dass er mächtiger als *Draghi* sei, weil er die Offenmarktgeschäfte leitet, traf sich am 18. Mai 2015 mit einem ausgewählten Kreis der Londoner Finanzelite, darunter auch Hedgefonds-Managern und hohen Vertretern von Goldman Sachs.

Das Referat von *Coeuré* unter dem technisch anmutenden Titel »How binding is the zero lower bound?« hatte einen ganz praktischen Hintergrund. Die EZB war zu diesem Zeitpunkt der Meinung, dass sie das von ihr angestrebte Volumen öffentlicher Anleiheverkäufe gegebenenfalls nicht erreichen würde. So sah sie sich aufgrund eines zu erwartenden nachlassenden Angebots auf den Märkten in den Sommermonaten des Jahres 2015 genötigt, für die vorsommerliche Kaufperiode – Beginn Ende Mai – statt Anleihen im Wert von 50 Milliarden Euro 60 Milliarden Euro aus dem öffentlichen Sektor über das Eurosystem erwerben zu lassen. Diese Ansprache im illustren Londoner »Berkeley Hotel« hatte nur einen Schönheitsfehler. Denn diese im wahrsten Sinne wertvolle Information wurde nicht sofort an die Märkte weitergegeben, sondern erst circa 14 Stunden später auf der Website der EZB für den Rest der Öffentlichkeit zugänglich gemacht. Zwischenzeitlich konnten die in London exklusiv geladenen Gäste entsprechende Dispositionen treffen, so zum Beispiel auf ein Sinken der Eurokurses Wetten abgeben. Damit lassen sich Milliarden verdienen. Doch niemand weiß, wer von den heftigen Marktreaktionen in Folge der Ankündigung von Monsieur *Coeuré* in welchem Umfang wirklich profitiert hat. Der Vorgang, der von dem scharfsinnigen WELT-Journalisten *Sebastian Jost* als »realer Hollywood-Stoff im Wall Street-Finanzstreifen« bezeichnet wurde, blieb indessen für Herrn *Coeuré* ohne jegliche Konsequenzen. Nicht einmal die Forderung wurde erhoben, *Coeuré* möge seinen Hut nehmen, nachdem er durch seine Informationspolitik die Mächtigsten unter den Mächtigen der Finanzbranche privilegiert informiert hatte.

6. Kapitel:
Wie geht es weiter mit der EZB?

Der Fantasie von Wissenschaftlern sind bekanntlich keine Grenzen gesetzt. Als 1998 der Euro in greifbare Nähe gerückt war, trieb die akademische Diskussion über die Ausgestaltung der EZB Blüten. *Daniel Gros*, der damalige stellvertretende Leiter des Centre for European Policy Studies (CEPS), kritisierte die aus seiner Sicht übertriebene Dezentralisierung im geplanten Europäischen System der Zentralbanken. Die Europäische Zentralbank werde nur über sehr eingeschränkte Kompetenzen und über einen ungenügenden Stab verfügen. Wörtlich heißt es in seinem Beitrag vom 2.5.1998[53]:

> *»Der Entwurf eines institutionellen Rahmens für die Geldpolitik in der Europäischen Währungsunion war von dem Wunsch bestimmt, ein System zu errichten, das auch langfristig Preisstabilität garantiert. Dieser Wunsch scheint erfüllt: Die Unabhängigkeit der Europäischen Zentralbank (EZB) ist über jeden Zweifel erhaben. Ihr Auftrag – die Wahrung der Preisstabilität – ist noch klarer formuliert als für die Bundesbank. [...] Die nationalen Zentralbanken behalten zu viel Einfluss, während der EZB nur ein ungenügender Stab und zu eng begrenzte Kompetenzen zugebilligt worden sind.«*

53 Daniel Gros, »Mehr Gewicht für die Europäische Zentralbank«, FAZ, 2.5.1998, S. 15.

Ob Daniel Gros in der Retrospektive heute sein Postulat wiederholen würde, braucht nicht beantwortet zu werden. Denn die institutionelle Landschaft, insbesondere die Befugnisausstattung und die Politik der EZB haben Dimensionen angenommen, die von keinem Teilnehmer der Diskussion über die richtige Rahmenordnung für den Euro in den 90er Jahren für möglich gehalten wurden. So hat nicht nur die Europäische Zentralbank seit der Finanz- und Bankenkrise 2007/2008 unkonventionell und sehr pragmatisch die Liquiditätsversorgung der Banken gehandhabt, mehrere Pfandbriefaufkaufprogramme durchgeführt und schließlich das erste Staatsanleiheaufkaufprogramm (SMP) lanciert. Vielmehr wurden ihr »zur Vollendung der Währungsunion« durch einstimmigen Beschluss des Europäischen Rates die nahezu gesamten Befugnisse für die Bankenaufsicht in der Eurozone übertragen. Hiergegen ist vor dem Bundesverfassungsgericht eine Verfassungsbeschwerde mit der Begründung erhoben worden, die Übertragung der bankaufsichtsrechtlichen Befugnisse auf die EZB sei durch den AEUV nicht gedeckt. Es handle sich also um einen *Ultra-Vires*-Akt. Im Übrigen werde durch die Befassung einer vornehmlich geldpolitisch verantwortlichen Institution mit der Bankenaufsicht der »Bock zum Gärtner gemacht«.[54] Das lange Schweigen der Vorsitzenden des EZB-Bankenaufsichtsgremiums, Madame *Nouy*, zum Vorwurf, die vier griechischen Großbanken seien mittlerweile insolvent, während gleichzeitig ständig das Ermächtigungsvolumen für ELA-Notkredite der Bank of Greece an griechische Banken erhöht wird, veranschaulicht den Rollenkonflikt, auch wenn dieser von den zuständigen Personen der EZB und insbesondere vom Präsidenten geleugnet wird. Knapp zwei Monate nach Versendung des Schreibens, antwortete Frau *Nouy* mit den üblichen nichts aussagenden Floskeln, dass die EZB ihre Aufgaben, sowohl geldpolitisch als auch aufsichtsrechtlich stets gewissenhaft und vorschrifts-

54 Bundesverfassungsgericht, Rechtssache 2 BvR 1685/14; Kerber, Den Bock zum Gärtner machen? Eine ordnungspolitische Hinterfragung der Bankenunion, ORDO, Band 65, S. 75 – 98.

gemäß durchführe. Die inhaltliche Auseinandersetzung mit dem Vorwurf der Insolvenz der griechischen Banken könne indessen nicht nach außen getragen werden. So muss auch die Öffentlichkeit staunend hinnehmen, dass Frau *Nouy* ebenso wie Herr *Draghi* weiterhin behauptet, dass die griechischen Banken solvent und liquide seien, ohne diese Feststellung jemals zu begründen.[55]

Mit dem Postulat, die EZB würde alles Erforderliche tun, um den Euro zu verteidigen, kommunizierte der Präsident der EZB im September 2012 das OMT-Programm, mit welchem neben dem Europäischen Stabilitätsmechanismus Finanznotstandsländer durch gegebenenfalls unbeschränkte Staatsanleihekäufe fiskalisch stabilisiert werden sollen. Obschon die europarechtliche Problematik dieses Programms noch nicht entschieden ist, fühlte sich ein geldpolitisch versierter Kopf wie *Manfred Neumann* bemüßigt vorzuschlagen, die Offenmarktgeschäfte der EZB und des Eurosystems rechtlich klarzustellen. Er möchte, dass die Erlaubnis des Art. 18 I EZB-Satzung nicht dazu benutzt werden kann, unter Umgehung des Radikalverbots der monetären Staatsfinanzierung Staatsanleihestützungskäufe im großen Stil durchzuführen. Um sicherzustellen, dass Offenmarktgeschäfte nur der Liquiditätsfeinsteuerung zur kurzfristigen Glättung von Geldmarktzinsen dienen könne, möge im Wege eines vereinfachten Änderungsverfahrens die Erlaubnis zum Kauf von öffentlichen Schuldtiteln aus Art. 18 I EZB-Satzung gestrichen werden.[56] Andere Postulate gehen sehr viel weiter: Sie setzen an den Stimmgewichten im EZB-Rat und im Direktorium an. Während sich die institutionellen Architekten der EZB von dem Gedanken leiten ließen, eine wich-

55 So Frau Nouy in einem Interview mit der »Welt« am 12.6.2015, Die griechischen Banken sind solvent und liquide, unter: http://www.welt.de/wirtschaft/article142377980/Die-griechischen-Banken-sind-solvent-und-liquide.html; sowie Draghi bei einer Anhörung vor dem Wirtschafts- und Währungsausschuss des Europaparlaments in Brüssel am 15.6.2015, unter: https://www.ecb.europa.eu/press/key/date/2015/html/sp150615_1.en.html.

56 Manfred J.M. Neumann, »Die notwendigen Grenzen der Geldpolitik, FAZ, 23.5.2014, S. 16.

tige Voraussetzung für die Formulierung einer gemeinsamen Politik sei, dass alle Mitglieder des EZB-Rates eine Stimme besitzen, sollen nunmehr die Stimmrechte nach den Kapitalanteilen der nationalen Zentralbanken an der EZB – und damit am BIP und an der Bevölkerungszahl der Euroländer – gewichtet werden.[57]

Doch noch bevor diese Diskussion abgeschlossen ist oder auch nur von der Bundesregierung oder Bundesbank aufgenommen wurde, verkündet die EZB einen erneuten geldpolitischen Quantensprung in Gestalt des Public Sector Purchase Programme (QE). Diese im Verhältnis zu anderen Zentralbanken der westlichen Welt späte, voluminösere und zeitlich unbefristete quantitative Lockerung wird mit angeblichen Deflationsgefahren begründet. Sie ebnet die Zinsdifferentiale zwischen den staatlichen Emittenten der Eurozone weitgehend ein, versichert die Schuld der Eurozonenregierungen und hat bereits einen durchschlagenden Effekt auf den Wechselkurs des Euro gehabt.

Die Proteste der Lebensversicherungsbranche, die anhaltende Kritik großer Filialnetzbanken wie Sparkassen und Genossenschaftsbanken, die ihr Geschäftsmodell gefährdet sehen, sowie der wachsende Unmut der Sparer, die wehrlos einer Entwicklung gegenüberstehen, die es ihnen unmöglich macht, angesichts der Demographielücke eine ergänzende private Altersvorsorge aufzubauen, werfen gleich eine ganze Reihe von Problemen auf. Doch schon jetzt lässt sich in Sachen EZB ein vorläufiges Fazit ziehen:

Die EZB ist bereits überfordert, im Wege einer einheitlichen Geldpolitik Preisstabilität bei 19 völlig heterogenen Mitgliedsländern der Eurozone herzustellen. Sie überfordert sich des Weiteren durch die

---

57 So Hans-Werner Sinn, aao.; The Euro Trap: On Bursting Bubbles, Budgets, and Beliefs, UK 2014.

Übernahme einer faktischen fiskalpolitischen Kompetenz zugunsten von Finanznotstandsländern im Euroraum und schließlich auch als Bankenaufsicht. Mit dieser Kumulierung von Aufgaben hat die EZB nur eins geschafft: Sie hat die Legitimationstoleranz der Bürger in den Hartwährungsländern überdehnt. So hat die EZB mit ihrer unkonventionellen Politik seit 2007 aufgehört, eine regelgebundene Institution zu sein. Sie definiert die Regeln genauso wie deren Aussetzung, die Länge ihrer Suspendierung und die Begründung hierfür. Angesichts des Defizits der demokratischen Legitimation und der zunehmenden Infragestellung ihrer ökonomischen Expertise nimmt das Legitimationsdefizit der EZB in dem Maße zu, wie ihr Handeln an Rechtsbindung verliert.

Die Governance der EZB, basierend auf einer Stimmengleichheit aller Mitglieder des EZB-Rates und des Direktoriums, ist spätestens in dieser Situation obsolet geworden. Denn diese Governance hatte eine Geschäftsgrundlage: Die EZB möge sich nur um Geldpolitik und hierbei vorrangig um Preisstabilität kümmern. Dies ist nicht länger der Fall.

Die EZB ist zu einer Spielmacherin der Wettbewerbsverfälschungen auf den Märkten für souveräne Schulden als auch auf dem Markt für Kreditdienstleistungen geworden. Das Postulat eines Systems unverfälschten Wettbewerbs ist durch ihre Politik auf den Kopf gestellt worden.

Die EZB ist insbesondere durch ihre dauerhafte Nullzinspolitik zu einer Quelle der Finanzinstabilität geworden. Ihre Unterlassungen in der Bankenaufsicht, insbesondere bei den vier griechischen Großbanken, sprechen dem Anspruch Hohn, mit der Bankenunion würde die Bankenaufsicht ohne nationale Vorbehalte und ohne politische Rücksichtnahme durchgeführt werden.

Änderungsmöglichkeiten am EZB-Statut sind so unwahrscheinlich wie Reformverträge in der gegenwärtigen Situation der EU. Die Notwendigkeit einer statutarischen Einhegung der EZB genauso wie die Erforderlichkeit eines europäischen Reformvertrags sagen nichts aus über die politische Möglichkeit, derartige Rechtsänderungen in absehbarer Zeit zu realisieren. Im Übrigen nutzen Änderungen der Rechtsgrundlagen von EU und EZB nichts, sofern Deutschland nicht den Willen zur Macht entwickelt. Anstelle einer Bundesregierung, die beharrlich zu den Umtrieben der EZB schweigt oder diese mit den Worten kommentiert: »Die EZB ist unabhängig«, muss eine Bundesbank treten, die sich im stillen Einvernehmen mit den Bürgern Deutschlands nicht länger damit begnügt, den Schaden zu begrenzen, sondern das Machtpotenzial, das in ihr steckt, innerhalb der Gremien der EZB umzusetzen. Hierzu gehört auch die offensive Entwicklung eines Planes B, der eine monetäre Neuordnung außerhalb des Eurosystems durch Zusammenarbeit der Hartwährungsländer in Aussicht stellt.[58]

Setzt die EZB dagegen ihre Politik in gewohnter Weise fort, ohne dass Bundesregierung, Bundesbank oder die Institutionen der Gerichtsbarkeit wirksam widersprechen, wird der Bürgerprotest bis hin zum organisierten Widerstand nicht ausbleiben. Das »Whatever it takes« von Herrn *Draghi* war der Fanfarenstoß zum Beginn einer souveränen Diktatur. Auch wenn die Märkte klatschen, wird die EZB mit diesem Anspruch vor der Geschichte keinen Bestand haben.

58 Vgl. Kerber, Mehr Wettbewerb wagen, 2. Auflage, Stuttgart, erscheint im Herbst 2015.

Epilog: Ohnmächtig in Richtung Kollaps oder offensiv für die Abwicklung der EZB?

»Kritisch zu sehen wäre es, wenn – wie verschiedentlich vorgeschlagen – die gegenwärtig befristete Europäische Finanzstabilisierungsfazilität in eine dauerhafte Unterstützungsfazilität überführt werden würde. [...] Das Ausfallrisiko für Staatsanleihen einzelner Mitgliedstaaten würde auf alle an der Währungsunion teilnehmenden Staaten verteilt und damit die disziplinierende Wirkung der Finanzmärkte weitgehend ausgeschaltet.«[59]

Im niederländischen Maastricht hatten die europäischen Regierungs- und Staatschefs vor 20 Jahren eine Vision. Sie wollten eine Währungsunion souveräner Staaten schaffen und zwar mit klaren Regeln: Koordinierte, aber selbstständige Wirtschaftspolitik und keine kollektive Haftung.

In einer Informationsbroschüre des Bundesministeriums der Finanzen »Der Euro stark wie die Mark« hieß es unter der Überschrift »Solide Staatsfinanzen«:

---

59 Stellungnahme der Deutschen Bundesbank zur Verfassungsbeschwerde gegen das Eurorettungspaket vom 9./10.5.2010, 29.6.2010, S. 12.

»Eine Haftung der Gemeinschaft oder einzelner Mitgliedstaaten ist ausdrücklich ausgeschlossen. Für seine Schulden ist damit jeder Mitgliedstaat allein verantwortlich. Dadurch wird die Eigenverantwortung der einzelnen Teilnehmerstaaten gestärkt und der Anreiz erhöht, solide zu wirtschaften.«[60]

Jedwedem Beobachter der Wirtschaftspolitik ist mittlerweile klar geworden, dass diese Versprechen das Papier nicht wert waren, auf dem sie gedruckt wurden. 1992 erklärte Staatssekretär *Köhler*, einer der Chefunterhändler der Europäischen Währungsunion (EWU), im *Spiegel*:

»Es gibt eine No-Bailout-Rule. Das heißt, wenn sich ein Land durch eigenes Verhalten hohe Defizite zulegt, dann ist weder die Gemeinschaft noch ein Mitgliedstaat verpflichtet, diesem Land zu helfen.«[61]

Im Mai 2010 freundete sich *Köhler*, damals noch Bundespräsident, mit den realen Entwicklungen der Politik an:

»Ich habe auch großen Respekt vor der Entscheidung der Europäischen Zentralbank, in dieser extremen Ausnahmesituation Schuldentitel von Euro-Ländern aufzukaufen.«[62]

Noch unverfrorener ging Bundeskanzlerin *Merkel* mit den ehemaligen Versprechen der Politik um, jedes Mitglied der EWU möge für seine eigenen Schulden aufkommen. Erst wurde für Griechenland

---

60 Der Euro – Stark wie die Mark, Bundesministerium der Finanzen, Referat Öffentlichkeitsarbeit, 1996.

61 Stabilität oder mehr Inflation? Finanzstaatssekretär Horst Köhler über die Folgen einer EG Währungsunion, der Spiegel 15/1992, S. 41.

62 Rede von Bundespräsident a. D. Horst Köhler beim Festakt zur Verabschiedung des Präsidenten des Bundesverfassungsgerichts und zur Einführung des neuen Präsidenten vom 14.5.2010 in Karlsruhe.

ein Finanzbestand mit deutscher Beteiligung in Höhe von ca. 15,2 Milliarden Euro geschnürt. Dann kam in einer Nacht- und Nebelaktion unter französischer Federführung der erste Rettungsschirm für den Euro mit einem deutschen Risikoanteil von bis zu 144 Milliarden Euro[63] zustande, von dem die Bundeskanzlerin behauptete, er sei nur provisorisch konzipiert:

> *»Er läuft 2013 aus. Das haben wir auch genauso gewollt und beschlossen. Eine einfache Verlängerung kann und wird es mit Deutschland nicht geben, weil der Rettungsschirm nicht als langfristiges Instrument taugt, weil er Märkten und Mitgliedstaaten falsche Signale sendet und weil er eine gefährliche Erwartungshaltung fördert. Er fördert die Erwartungshaltung, dass Deutschland und andere Mitgliedstaaten und damit auch die Steuerzahler dieser Länder im Krisenfall schon irgendwie einspringen und das Risiko der Anleger übernehmen können.«*[64]

Nachdem diese Maßnahmen keine »Beruhigung« der Märkte gebracht hatten, wurde nicht nur der Mechanismus perpetuiert, sondern die Bundesregierung sattelte bei den Bürgschaftsverpflichtungen noch einmal drauf. Erstmals musste Deutschland auch Bargeld überweisen und zwar die Kleinigkeit von knapp 22 Milliarden Euro.[65]

---

63 Sollten nach Irland auch Portugal und Spanien als Bürgen ausfallen *(Stepping-out Guarantor)*, dann könnte sich diese Summe auf 188 Milliarden Euro erhöhen. Hinzuzurechnen sind die Anleihekäufe von Staatspapieren minderer Bonität seitens der EZB und der nationalen Zentralbanken der ESZB, deren exakter Umfang bislang noch nicht vollständig beziffert wurde.

64 Regierungserklärung zum EU-Gipfel in Brüssel am 27. Oktober 2010.

65 »Der Europäische Stabilisierungsmechanismus hat ein gezeichnetes Kapital von insgesamt 700 Milliarden EUR. Davon werden 80 Milliarden EUR in Form von eingezahltem Kapital von den Mitgliedstaaten des Euro-Währungsgebiets bereitgestellt, das ab Juli 2013 in fünf gleichen jährlichen Tranchen eingezahlt wird. Darüber hinaus verfügt der ESM über eine Kombination aus gebundenem abrufbarem Kapital und Bürgschaften der Mitgliedstaaten des Euro-Währungsgebiets in Höhe von insgesamt 620 Milliarden EUR.« Vgl. dazu: Vereinbarung über die Merkmale des ESM, Europäischer Rat, 24./25.3.2011.

Angesichts des unübersehbaren Trends zu größerer Haftung[66] und im Lichte der Wirkungslosigkeit der bisherigen Transfers sind die gegen diese Politik erhobenen Verfassungsbeschwerden[67] mehr als ein Rechtsmittel. Sie sind der politische Protest der Bürgergesellschaft gegen eine politische Klasse, die das Land verrät und weiterhin für sich in Anspruch nimmt, ihre Politik sei »alternativlos«.[68]

Welcher Wert wird durch eine Bürgerrevolte aufgerufen?

Die Antwort liegt auf der Hand: Dass die Souveränität der Bürger Vorrang vor der Allmacht staatlicher Gewalt haben möge, egal ob Berlin und Paris oder Brüssel diese ausüben. Mehr noch: Dass diese staatliche Gewalt – auch nicht im Namen Europas – befugt sei, die Träger der bürgerlichen Gesellschaft – ob nun *Citoyen* oder *Bourgeois* – zu enteignen oder gar zu entmündigen, indem sie ihre Steuern dazu benutze, die Kopfgeburt der europäischen Integration – den Euro – zum Metaziel der Politik zu verklären und hierfür alle verfügbaren Ressourcen zu mobilisieren, ohne jemals zuvor die betroffenen Bürger zu konsultieren.

Worum geht es? Es geht nicht nur um den deutschen Anteil von ca. 22 Milliarden Euro am Kredit für Griechenland beziehungsweise den französischen Anteil in Höhe von 17,25 Milliarden Euro. Vielmehr

---

66 Am 23.11.2010 bezifferten Sinn/Carstensen die Haftung Deutschlands insgesamt auf 215 Milliarden Euro, ifo Schnelldienst, Sonderausgabe, Ein Krisenmechanismus für die Eurozone, 23.11.2010, S. 1. Nach den zwischenzeitlich beschlossenen »Ertüchtigungen« des Rettungsfonds sowie der anhaltenden Anleihepolitik der EZB beziffert Sinn Deutschlands konsolidierte Haftung auf 1542 Milliarden Euro, Sinn, Tickende Zeitbombe, Süddeutsche Zeitung v. 2./3.4.2011, S. 24; zur Vertiefung Kerber/Hoffmann, Noch tragbar? Versuch einer konsolidierten Erfassung der Eurorettungsrisiken, Wirtschaftsdienst, 92. Jahrgang, 2012, Heft 11, S. 737–745.

67 Vgl. Kerber, Der Verfassungsstaat ist ohne Alternative, Stuttgart 2011.

68 Regierungserklärung von Bundeskanzlerin Merkel zu den Euro-Stabilisierungsmaßnahmen, 1.5.2010: »Was dort sichtbar wurde – Sie alle haben es mitverfolgt –, war dramatisch. Deshalb gab es zur Sicherung der Stabilität des gesamten Euro-Finanzsystems wenige Tage später keine vernünftige Alternative. Die *ultima ratio* war erreicht; das heißt nichts anderes, als dass der Euro insgesamt in Gefahr war.«

geht es um die 211 Milliarden Euro, mit denen Deutschland, die 158 Milliarden Euro, mit denen Frankreich, die 44 Milliarden Euro, mit denen die Niederlande, die 21 Milliarden Euro, mit denen Österreich, die 13 Milliarden Euro, mit denen Finnland und die 2 Milliarden Euro, mit denen Luxemburg, das heißt die Steuerzahler dieser sechs Leistungsbilanzüberschussländer, für die Banken in Irland, für die Staatsfinanzen in Portugal, für die immensen Staatsschulden Italiens und für die Rekapitalisierung des spanischen Finanzsektors oder demnächst gegebenenfalls für die französischen Finanzen unter *Hollande* haften. Und damit nicht genug: Griechenland soll nun ein neues Hilfspaket bekommen und dieses soll auch dazu dienen, die Forderungen von IWF und EZB gegen Griechenland zu begleichen. Haftet nun der Steuerzahler der Eurozone für die fahrlässigen Kredite des IWF an Griechenland und den kritisierten Kauf von griechischen Anleihen durch die EZB?

Hatten die Mitglieder des Deutschen Bundestages 1992 im Bewusstsein um die öffentliche Skepsis dem Euro-Projekt nicht ausschließlich unter der strengen Bedingung zugestimmt, es werde niemals eine gemeinschaftliche Haftung für Staatsschulden geben?

Die meisten Abgeordneten im aktuellen deutschen und französischen Parlament finden indessen die Haftungserstreckung »alternativlos«, so als ob es zum Rechtsbruch keine Alternative gäbe. Allein im Deutschen Bundestag regte sich zunehmender Widerstand. Aber außer diesen letzten Mohikanern des Parlamentarismus[69] fanden sich

69 Bei der Abstimmung über den »Eurostabilisierungsmechanismus« haben folgende Mitglieder des Bundestages mit ***Nein*** gestimmt: Alexander Funk, Dr. Peter Gauweiler, Manfred Kolbe, Klaus-Peter Willsch, Wolfgang Gunkel, Dr. Lutz Knopek, Frank Schäffler, Wolfgang Bosbach, 66 Abgeordnete der Fraktion Die Linke. 128 Abgeordnete der SPD-Fraktion haben sich ***enthalten***. In der Regierungskoalition hat neben Veronika Bellmann, Peter Götz, Karl-Georg Wellmann auch der Vizepräsident des Deutschen Bundestages Dr. Hermann Otto Solms diesen Weg bevorzugt. Mittlerweile sind beim dritten Griechenlandpaket aus den Wenigen Viele geworden.

in der politischen Klasse beider Länder kaum Repräsentanten, die – auf Tuchfühlung mit den Bürgern des jeweiligen Landes bedacht – es überhaupt in Erwägung zogen, darüber nachzudenken, warum französische und deutsche Steuerzahler die Sanierung des aufgeblähten irischen Bankensektors finanzieren sollten, eines Landes, dessen Pro-Kopf-Einkommen nach wie vor höher ist als in Frankreich und Deutschland und dessen Körperschaftssteuersatz in Höhe von 12,5 Prozent nicht einmal die Hälfte der entsprechenden Steuersätze in Frankreich und Deutschland ausmacht.

Zu entscheiden, welche Steuern wofür ausgegeben werden, darüber sind die zahlenden Steuerzahler beziehungsweise ihre berufenen Vertreter im Parlament, die Abgeordneten, befugt und verpflichtet. Indessen wird die überwiegende Ablehnung der »Griechenland-Hilfe« und des »Eurorettungsschirms« in der Bevölkerung[70] durch die Abgeordneten – die Treuhänder der Bürger – ignoriert. Mehr noch: Die politische Klasse in beiden Ländern als auch das Gewaltenkonglomerat in Brüssel samt seinem Polit-Kommissar *Juncker* haben sich dazu entschlossen, den »Euro-Rettungsfonds« – zu Lasten der Steuerzahler – zu »ertüchtigen« (so die Ausdrucksweise von Frau *Merkel*). Seitdem haben die deutschen Steuerzahler mit 211 Milliarden Euro und die französischen Steuerzahler mit 158 Milliarden Euro – wohlgemerkt ohne Zinsen, die das Risiko verdoppeln – für die anderen Eurozonenländer zu haften.

Dass dies zur Sanierung der Finanznotstandsländer beitragen werde, kann im Lichte der bisherigen Erfahrungen ausgeschlossen werden. Denn bislang haben die spendablen Garantieerklärungen die Märkte nicht »beruhigt«. Das OMT-Programm hat die Märkte vorübergehend eingeschläfert. Ihre Stabilität ist höchst ungewiss.

---

70 Vgl. FAZ v. 9.1.2011, Weniger französische Euro-Gegner; Studie des ifo-Instituts vom 1.2.2011, »Nur 24 Prozent der Deutschen für die Unterstützung Griechenlands.«

Gewiss ist dagegen der Eingriff in das Vermögen der Bürger: Ihr Selbstbestimmungsrecht wird *in flagranti* verletzt. Überfällig ist es, in diesem Zusammenhang an die bemerkenswerte Sentenz des Bundesverfassungsgerichts im Lissabon-Urteil zu erinnern. Hiernach ist Souveränität das Recht eines Volkes, über grundlegende Fragen seiner Identität konstitutiv zu entscheiden.[71] Dies ist nicht etwa die Renaissance von überkommenem Nationalstaatsdenken, sondern die Definition von Souveränität als Abwehrrecht eines Volkes gegen die Fremdbestimmung durch supranationale Organisationen. Denn das Bundesverfassungsgericht hatte diese Gefahrenlage, die durch den Lissabon-Vertrag noch verschärft wurde, wohl erkannt. Es wollte das Selbstermächtigungsregime in Brüssel einhegen und hat dazu unter anderem Rekurs auf das Souveränitätsabwehrrecht genommen, um die Grenzen der Integration und ihrer demokratischen Legitimation zu ziehen.[72]

Dieses Recht scheint die - durch das Tandem *Lagarde/Schäuble* - vereinigte politische Klasse Frankreichs und Deutschlands gar nicht mehr zu kennen. Sie nimmt für sich in Anspruch, faktisch der Währungsunion ein neues Design zu geben, noch bevor sich die Bürger zu diesem institutionellen Quantensprung äußern können. So wird aus der auf Stabilitätskultur angelegten Währungsunion von 1992, die das Bundesverfassungsgericht als unabdingbare Bedingung für die Vereinbarkeit des Maastricht-Vertrags mit dem Grundgesetz pos-

71 BVerfGE 123, 267 (399).

72 BVerfGE 123, 267 (399): »Das Grundgesetz erstrebt die Einfügung Deutschlands in die Rechtsgemeinschaft friedlicher und freiheitlicher Staaten. Es verzichtet aber nicht auf die in dem letzten Wort der deutschen Verfassung liegende Souveränität als Recht eines Volkes, über die grundlegenden Fragen der eigenen Identität konstitutiv zu entscheiden. Insofern widerspricht es nicht dem Ziel der Völkerrechtsfreundlichkeit, wenn der Gesetzgeber ausnahmsweise Völkervertragsrecht - allerdings unter Inkaufnahme entsprechender Konsequenzen im Staatenverkehr - nicht beachtet, sofern nur auf diese Weise ein Verstoß gegen tragende Grundsätze der Verfassung abzuwenden ist (vgl. BVerfGE 111, 307 [317 f.]).«

tuliert hatte[73], über Nacht eine Mega-Transfer-Union mit unabsehbaren Risiken für die betroffenen Bürger in Deutschland, Frankreich, Finnland, Österreich und den Niederlanden.

Haben die Abgeordneten der nationalen Parlamente ein Recht, diesem neuen Design der EWU zuzustimmen? Wohl nicht! Sie hätten nach dem Vorbild der beiden in Karlsruhe klagenden SPD-Abgeordneten *Danckert* und *Schulz*[74] als Gralshüter ihres Budgetrechts bereits darauf achten müssen, dass dieses niemals entwertet werden kann. Was sie stattdessen – zum Teil mit europäischer Inbrunst – betreiben, ist die Veruntreuung von Steuergeldern beziehungsweise die mittelfristige Degradierung der Bonität Deutschlands und auch Frankreichs. Die Folgen werden für die Bürger beider Länder nicht sofort, aber mittelfristig spürbar werden. Denn – abgesehen von den Inflationsgefahren – wird die Schuldenaufnahme teurer, wenn die Bonität sinkt. *Peer Steinbrück* hatte als Finanzminister ausrechnen lassen, dass die Emission von Gemeinschaftsanleihen, sogenannten Eurobonds, Deutschland circa 17 Milliarden Euro mehr Zinsaufwendungen kosten würde.[75]

Warum zelebrieren die Abgeordneten der nationalen Parlamente ihre eigene Abdankung? Sind sie den Anforderungen an ihre repräsentative Rolle nicht mehr gewachsen und wollen inhaltlich längst nicht mehr Repräsentanten des ganzen Volkes sein?

---

73 BVerfGE 89, 155 (200, 201, 202, 203: »Auch insoweit kann der Deutsche Bundestag seinen Willen, die zukünftige Währungsunion nur unter den Voraussetzungen strikter Stabilitätskriterien beginnen zu lassen, jedenfalls im Rahmen des Art. 23 Abs. 3 GG und der im Sinne der Organtreue zu handhabenden Entschließung vom 2. Dezember 1992 zur Wirtschafts- und Währungsunion als Stabilitätsgemeinschaft und des Schreibens des Bundesministers der Finanzen vom 2. April 1993 zur Wirkung bringen.«

74 Vgl. dazu den Antrag im Organstreitverfahren der Abgeordneten Prof. Dr. Peter Danckert und Swen Schulz gegen den Deutschen Bundestag vom 27.10.2011; 2 BvE 8/11.

75 Handelsblatt v. 23.2.2009 »EIB könnte Eurobonds aufnehmen – Im Notfall«; Financial Times Deutschland v. 15.12.2010 ; FAZ v. 12.12.2010.

Der ehemalige Bundesverfassungsrichter, *Ernst-Wolfgang Böckenförde*[76], wies mahnend auf die Konsequenzen hin: Sei der Wille, Repräsentant des ganzen Volkes zu sein, abhandengekommen,

> *»kann demokratische Repräsentation nicht zustande kommen und die Bürger entbehren der Möglichkeit entsprechender Artikulation ihrer selbst.«*[77]

Die Folgerung von *Böckenförde* ist weitreichend:

> *»Wird diese Aufgabe nicht oder nur unzulänglich gemeistert, werden Repräsentationserwartungen der Einzelnen oder auch der Bürger insgesamt durch das Handeln der Repräsentanten enttäuscht, vermögen sie sich in diesem Handeln nicht irgendwie wiederzuerkennen, verliert das demokratische politische System seine Legitimationsbasis.«*[78]

Genau diese Situation liegt nunmehr in Deutschland vor. Die Akzeptanz für die getroffenen Entscheidungen fehlt beziehungsweise nimmt ab. Die Bürger empfinden Ohnmacht gegenüber einem politischen System, dessen Irrlauf nur noch durch eine Katastrophe aufzuhalten ist. Denn weder die ordnungspolitisch kompasslose Bundeskanzlerin, noch der auf die Einkesselung Deutschlands zielende Monsieur *Hollande* sind bereit, ihre Irrtümer seit der fahrlässigen, stets wiederholten Garantieerklärung für Griechenland einzugestehen.[79] Sie

---

76 Böckenförde war von 1983 bis 1996 Mitglied des Zweiten Senats des Bundesverfassungsgerichts und wirkte 1993 u.a. am Maastricht-Urteil (BVerfGE 89, 155) mit.

77 Böckenförde, in: Handbuch des Staatsrechts, Isensee/Kirchhof (Hrsg.), Bd. III, 3. Aufl., Heidelberg 2005, § 34, Rn. 26.

78 Ebenda.

79 Führende Ökonomen haben die »Griechenlandhilfe« und den »Eurostabilisierungsmechanismus« kritisiert: vgl. u. a. Sinn/Carstensen, Ein Krisenmechanismus für die Eurozone, ifo Schnelldienst, 19.11.2010; Vaubel, Die Politische Ökonomie der Bail-out-Politik in der Eurozone, 29.3.2011; Rogoff, Vortrag »BMF im Dialog – Lessons for Europe from the History of Sovereign Debt Crisis«, 2.3.2011.

sind zusammen mit dem Gewaltenkonglomerat in Brüssel Gefangene ihrer tragischen Irrtümer bei der Beurteilung der *Causa* der gegenwärtigen Schuldenkrise. Dass ihre Rezepte nicht wirken, führen sie darauf zurück, dass die verordneten Medikamente nicht in ausreichender Dosis verabreicht worden sind. Zwischenzeitlich bilden sich in fast allen Finanznotstandsländern starke Oppositionsbewegungen. In Griechenland haben sie die Macht ergriffen. Sie wollen indessen nicht den Euro abschaffen, sondern hoffen auf Daueralimente. So wird es zu einem dritten Griechenland-Hilfspaket kommen. Indessen mit der Besonderheit, dass aus Europäischen Fonds Gelder zur Tilgung von Griechenlands Verbindlichkeiten gegenüber der EZB und dem IWF genutzt werden. Würden diese Gelder aus dem ESM stammen, wäre dies ein dreister Verstoß gegen dessen Mandat und Satzung!

Nach der »Ertüchtigung« des Euro-Rettungsfonds, das heißt der beschlossenen Aufstockung seines Ausleihungsvolumens auf bis zu 780 Milliarden Euro hofften *Merkel* und *Sarkozy*, *Trichet* und *Juncker* die Marktkräfte in den Griff zu bekommen, so dass die Eurozone gestärkt aus der Krise herausgehe. Das Gegenteil war der Fall: Die Aufstockung der Rettungsmilliarden vergrößert die Anreize für die Finanznotstandsstaaten, sich unter den Schirm zu stellen. Immerhin hat Irland – ein 4-Millionen-Volk – *nolens volens* 85 Milliarden Euro erhalten und zwar zu Zinskonditionen, die weit unter den Marktpreisen lagen.[80] Es hat damit zwei Fliegen mit einer Klappe geschlagen: Zum einen bekommt es hinreichend Fremdmittel zu äußerst günstigen Bedingungen, zum anderen scheidet es automatisch – so sehen es die Verträge vor – als Garant aus dem Rettungsfonds aus. Wer wollte da nicht schnell zugreifen, solange noch Geld da ist?[81]

80 Vaubel, Die Politische Ökonomie der Bail-out-Politik in der Eurozone, 29.3.2011.
81 Portugal hat dies bereits getan.

Die selbstverliebten Schöpfer des Rettungsfonds genauso wie ihre »Ertüchtiger« haben also einen Konstruktionsfehler begangen, der sämtlichen Ländern der Eurozone mit AAA-Bonität beziehungsweise ihren Bürgern teuer zu stehen kommen wird. Sie, die Bürger der AAA-Länder (Deutschland, Frankreich, Finnland, Österreich, Niederlande und Luxemburg) werden allein übrig bleiben, um den Schuldenberg der Finanznotstandsstaaten abzutragen. Wenn es dazu kommen sollte, werden die nachfolgenden Generationen einen Euro-Erblastenfonds einrichten müssen, um die Finanzfolgelast des bis dahin gescheiterten Euro-Projektes zu schultern.[82] Die schlimmste institutionelle Erblast aber bleibt die EZB. Sie agiert weiterhin, wie sie will. Ihre künstliche Beatmung des klinisch toten Patienten Griechenland hat nichts mit Geldpolitik zu tun. Von der EZB gehen die größten Gefahren für Freiheit und Wohlstand aus.

Bleibt das Argument, ein – »ertüchtigter« – Rettungsschirm sei deshalb »alternativlos«, weil ohne Teilkaskoversicherung für Staatsschulden – deren Prämien *nota bene* vom Steuerzahler erbracht werden – die einzelnen Staaten der Eurozone ihren Finanzsektor rekapitalisieren müssten. Denn es wird befürchtet, dass auch nur der partielle Ausfall von Euro-Staatsanleihen viele Banken in eine Schieflage bewegen könnte. Dies ist die professionelle Angstmache der Bankenlobby. Sie will, dass ihre Mitglieder weiterhin ohne Ausfallrisiko in dieses Marktsegment investieren können, statt sich um das weniger rentable Kreditgeschäft zu kümmern. Bislang haben die Banken sehr wirkungsvoll bei der Bundesregierung antichambriert, um ihr von Marktkräften geschütztes Reservat des Staatschuldenhandels vor der marktadäquaten Risikobeteiligung aller Gläubiger zu schützen. So macht sich der demokratische Staat – über den Um-

82 Gespannt sein darf man darauf, ob und wie statistikpolitisch die Folgen dieser Gemeinschaftsverschuldung für das Schuldenstandskriterium des Maastricht-Vertrages bewältigt werden.

weg Europa – zum Reparaturbetrieb des Finanzkapitalismus, statt darüber nachzudenken, ob wir für die Realwirtschaft Wertpapieremissions- und Handelshäuser, wie sie sich zu Investmentbanken entwickelt haben, überhaupt noch benötigen. Statt die gigantischen *Boni* für Investmentbanker als das anzuprangern, was sie sind, nämlich als einen krassen Fall sozialer Sünde, vermeiden die Regierungen der Eurozone die notwendige Marktbereinigung im Finanzsektor und haben die EZB erfolgreich genötigt, durch Aufkäufe von Staatsanleihen beziehungsweise ihre Refinanzierung Konkursverschleppung zu betreiben.

Das am 22. Januar 2015 von der EZB verkündete Staatsanleiheaufkaufprogramm, gemeinhin QE genannt, kauft besonders den Südländerbanken ihre Risiken aus der Staatsfinanzierung ab. Dies ist eine neue Form der Marktbereinigung.

An dieser Stelle möge der Hinweis genügen, dass der Weg nicht zur DM zurückführt. Indessen liegt die Lösung für eine so heterogene Währungsunion wie die Eurozone, die im volkswirtschaftlichen Sinne keine Währungsgemeinschaft geworden ist, auf der Hand: Wenn sich nach mehr als zehn Jahren Währungsunion ein Kern von Ländern herausgeschält hat, die nach Wettbewerbsfähigkeit, Leistungsbilanz, Handelsbilanz, Haushaltspolitik vergleichbar und sogar nachhaltig homogen sind, dann mögen sie als Gruppe die Eurozone verlassen.

Für diese neue Währungsunion bestehend aus den Niederlanden, Österreich, Finnland, Luxemburg, Deutschland wird bereits geworben.[83] Wenn dabei entgegen der politischen Korrektheit Frankreich – der Trittbrettfahrer der EWU und Heckenschütze gegen die Markt-

83 Kerber, Mehr Wettbewerb wagen, 2. Auflage, Stuttgart, erscheint im Herbst 2015.

wirtschaft – aus dieser neuen Nord-Währungsunion ausgeschlossen wird, zeugt dies nur von Realitätssinn.

Wenn indessen die Mehrheit der politischen Mandatsträger – wie jetzt bei der dritten Griechenland-Rettung – entgegen allen bisherigen Erfahrungen wider die ökonomische Vernunft das Abenteuerprojekt fortführen, so haben die Bürger das Recht, ihr Anliegen nicht nur dem Bundesverfassungsgericht vorzutragen, sondern diesen einmaligen Fall von Veruntreuung von Steuergeldern und Unwahrhaftigkeit anzuprangern und nach neuen Wegen zu suchen, ihre Empörung politisch wirkmächtig werden zu lassen.

Dies gilt umso mehr, als das Bundesverfassungsgericht sich schwer getan hatte, die seit Mai beziehungsweise Juni 2010 anhängigen Verfassungsbeschwerden gegen die »Griechenlandhilfe« und den »Euro-Rettungsschirm« mit jener Konzentration zu bearbeiten, die die Gefahrenlage für die öffentlichen Finanzen gebietet. Gewiss, der Sachverhalt ist komplex und forderte das Gericht. Aber warum hatte sich das Bundesverfassungsgericht mehr als 15 Monate in der Haupt- und mehr als ein Vierteljahr in der Eilsache in Abstinenz geübt? Auch in der seit Juli 2014 anhängigen Verfassungsbeschwerde gegen die Bankenunion setzt das Bundesverfassungsgericht seine interne Beratung fort.

Hatte es Angst vor seiner eigenen Rechtsprechung besonders im Maastricht-[84] und Lissabon-Urteil[85], weil hiernach weder die Bundesregierung noch der Bundestag so hätte handeln dürfen? Scheute es sich, den Burgfrieden mit der Bundesregierung durch ein zusprechendes Urteil zu kündigen, das zwangsläufig zum Rücktritt der *Merkel-Schäuble*-Regierung geführt hätte?

---

84 BVerfGE 89, 155.
85 BVerfGE 123, 267.

Angesichts der ausstehenden Entscheidung des Bundesverfassungsgerichts über die Bankenunion ist jedenfalls eines sicher: Das Gericht kommt der von ihm selbst gewählten Rolle als Hüter des Grundgesetzes und Verteidiger der Verfassungsidentität nur zögerlich nach.[86] Denn indem es so lange wartete, verspielte es die Chance, die fortgesetzten, ausbrechenden Rechtsakte *in toto* zu erfassen. Das Gericht läuft dem Geschehen hinterher und relativiert zunehmend auch die potenzielle Wirkmächtigkeit seiner Entscheidungen.

Steht die Republik mittlerweile auf der Kippe und läuft sie Gefahr, unter EU-Verwaltung zu geraten? Nachdem viele Bürger gegen das Staatsanleiheaufkaufprogramm vom 6. September 2012 – es wurde von der EZB unter dem Namen Outright Monetary Transaction (OMT) verkündet – Verfassungsbeschwerde erhoben hatten, legte das Bundesverfassungsgericht Anfang 2014 den Fall dem Gerichtshof der Europäischen Union zur verbindlichen Klärung der europarechtlichen Fragen vor. Diese berührten die Grundpfeiler der Europäischen Währungsunion. So verbietet Art. 123 AEUV die monetäre Staatsfinanzierung. Das heißt: Die EZB und die nationalen Zentralbanken des Eurosystems dürfen nicht die von Staaten emittierten Anleihen zeichnen, also auf dem Primärmarkt erwerben. Das OMT-Programm sieht den – gegebenenfalls unbegrenzten – Erwerb von Staatsanleihen der Euro-Notstandsländer auf dem Sekundärmarkt vor. Dass die EZB geringe Mengen von Staatsanleihen zur Feinabstimmung ihrer Zinspolitik erwerben darf, war nie streitig, weil sie damit eindeutig geldpolitische Ziele verfolgte. Indessen sah das Bundesverfassungsgericht im gegebenenfalls unbegrenzten Erwerb von Staatsanleihen deshalb keine Geldpolitik mehr, weil diese Interventionen erkennbar die Haushalte der Südstaaten entlasten sollten und somit einen wirtschaftspolitischen Transfer darstellten. Nach einer mündlichen Verhandlung vor

86 Vertiefend hierzu Stefan Städter, Noch Hüter der Verfassung?, Stuttgart 2013, S. 23 ff.

dem Luxemburger Gericht am 14. Oktober 2014, bei der die Isolation Deutschlands sichtbar und das Zusammenspiel von Europäischer Kommission und EZB für alle vernehmbar war, fasste der Gerichtshof der Europäischen Union am 16. Juni 2015 einen Beschluss zur Beantwortung der Fragen zum OMT-Programm. Er fiel großzügig für die EZB aus, erlaubte ihr die freie Feststellung einer geldpolitischen Gefahrenlage und unterwarf den Anteilskauf lediglich dem Einhalten einer Frist zwischen Emission auf dem Primärmarkt und Erwerb durch die EZB auf dem Sekundärmarkt.

Diese »Absegnung« des OMT-Programms durch den Gerichtshof der Europäischen Union unter der Bedingung, dass der Erwerb von Staatsanleihen auf dem Sekundärmarkt nicht die gleiche Wirkung wie die unmittelbare Zeichnung von staatlich emittierten Wertpapieren haben dürfte, ist Etikettenschwindel. Denn das Erfordernis, der Gefahr, dass Zeichner auf dem Primärmarkt in der Gewissheit des Weiterverkaufs an die EZB nur wie Mittelspersonen agieren würden, durch entsprechende Garantien der EZB vorzubeugen, ist Makulatur. Dass der Gerichtshof der Europäischen Union diese Garantien unter anderem wegen einer angemessenen Stillhaltefrist bis zum Erwerb erfüllt sieht, widerspricht dem Geschehen auf Staatsschuldenmärkten. Denn die Gewissheit, dass die EZB beziehungsweise das Eurosystem unbegrenzt Staatsanleihen erwerben wird, schafft für den staatlichen Emittenten auf dem Primärmarkt absolute Platzierungssicherheit und verzerrt somit die wettbewerbliche Preisbildung. Die Austrocknung der Märkte durch das laufende QE-Programm belegt diese Wirkung der Anleihekäufe durch das Eurosystem. Angesichts dieser marktfremden ökonomischen Erwägungen des Gerichtshofs wird sich die Diskussion über die Grenzen des Mandats der EZB verschärfen.

Die EZB jubelte indessen angesichts dieses Ermächtigungsbeschlusses. Ihr Präsident ließ über das Luxemburger Direktoriums-Mitglied der EZB verkünden: »The Court has acknowledged that the ECB enjoys a large margin of appreciation in defining and implementing monetary policy.«[87]

Wer so untauglich die Grenze zwischen Geldpolitik und Wirtschaftstransferpolitik (im Gewande der Geldpolitik) zieht, dessen ökonomischer Sachverstand muss bezweifelt werden. Mehr noch: Der Gerichtshof der EU lädt die EZB zur Finanzdiktatur ein.

Wenn dieser Weg weiter beschritten und die EZB von gerichtlicher Kontrolle freigestellt wird, geraten wir in eine neue Situation. Die EZB-Diktatur beginnt. Sie schaltet und waltet, wie sie will – und zwar auf allen Politikfeldern, die sie formal für sich in Anspruch nehmen kann. Im Namen eines selbstgesetzten Inflationsziels trifft sie jene Maßnahmen, die aus ihrer Sicht geeignet sind, dieses diskretionär gesetztes Ziel zu erreichen. Sie beansprucht für sich faktisch eine Wechselkurskompetenz. Sie stellt selbst fest, ob Marktstörungen auf Staatsanleihemärkten vorhanden sind und entscheidet darüber, ob und welche Maßnahmen von welcher Dauer getroffen werden, um diesen Störungen abzuhelfen. Dies ist keine kommissarische Diktatur, sondern eine souveräne Form von Diktatur, die es selbst in der Römischen Republik nicht gab. Je mehr die Politik versagt und die Regierungen der Eurozone sich weigern, die gebührenden Reformen insbesondere bei öffentlichen Haushalten mutig anzupacken, desto mehr wird die EZB zum Dauerausputzer, ohne hierfür jemals ein Mandat, geschweige denn eine demokratische Legitimation erhalten zu haben. Sie agiert frei und ist nur der eigenen Willensbildung unterworfen. Wie diese angesichts der Mehrheit der Südländer im EZB-Rat verläuft, wissen wir zu Genüge. So wird die EZB der

---

87 EZB-Direktoriumsmitglied Yves Mersch: »Das Gericht hat anerkannt, dass die EZB bei der Ausformung und Umsetzung ihrer Geldpolitik für sich ein großes Einschätzungsermessen in Anspruch nehmen kann.«

erste Bestandteil einer großen staatlichen europäischen Metastruktur, die sich über Bürger und Völker erhebt und ihr eigenes Reich baut.

Warum hat uns die Bundesbank vor dieser Entwicklung nicht bewahrt? Weil sie und mit ihr die deutsche Politik irrig darauf vertraute, dass die EZB nur eine Kopie der Frankfurter Notenbank sei. Dies war von Anfang an naiv und daher gefährlich. Denn die gemeinsame Tochter von nationalen Zentralbanken konnte nie mit einer NZB wie der Bundesbank verglichen werden. Am Kurs der EZB zerrten von Anfang an Vertreter nationaler Interessen, die vorgaben, Europa zu dienen. Der Glaube der Bundesbank, ihre Kollegen würden sich in stabilitätspolitischer Redlichkeit üben, war ein Irrglaube.

Heute steht fest: Die Bundesbank und das normativ-institutionelle Konzept, welches ihrer Tätigkeit zugrunde liegt, befindet sich seit der EWU-Krise in einer Sackgasse. Mehr noch: Das Vertrauen der Bundesbank und ihres jungen Präsidenten auf den fachlichen Dialog in Kollegengesprächen muss schnellstens einer machtpolitischen Betrachtungsweise weichen. Die enge Sicht der Geldbeamten in der Wilhelm-Epstein-Straße[88] wird nicht nur seit langem am Frankfurter Platz und in Teilen der Wissenschaft belächelt, sondern ebnet *Draghi* und Co. den Weg zum totalen Sieg: Dann können die Bundesbank und ihr Präsident das Stabilitätslied weiter intonieren. Doch niemand wird sich darum scheren, weil Herrn *Weidmann* und seinen Beamten im entscheidenden Moment der Wille zur Macht fehlte.

Danach möge dem jetzigen Präsidenten der Bundesbank bitte noch eine zweite Chance beschieden sein; dann nämlich, wenn die Bundesbank durch die Politik der EZB Verluste einfährt. Spätestens zu

88 Sitz der Deutschen Bundesbank in Frankfurt am Main.

diesem Zeitpunkt müsste der Präsident den Mut aufbringen, die von der EZB beschlossenen rechtswidrigen Anleihekäufe nicht mehr auszuführen.

Vom Mut eines einzelnen, seiner Bereitschaft zum Opfer oder gar seiner Aufopferung sollte das Schicksal eines Volkes indes letztlich nicht abhängen. Vielmehr ist die politische Folgerung, die – aus dem Versagen von Konzepten, die spezifisch für bundesrepublikanische Errungenschaften gehalten wurden – im Ringen um die europäische Integration zu ziehen ist, von Interesse. Denn der Niedergang des im Wirken von Bundesbank und Bundesverfassungsgericht manifesten Konzepts der politischen Neutralität signalisiert die Dekadenz des deutschen Verfassungsstaates schlechthin. Seine Kapitulation vor den Brüsseler Zwingherrn, aber auch von ihrem privilegierten Kollaborateur *Schäuble*, mag noch aus der Sicht des Auslands als ein »Aufgehen Deutschlands in Europa« gedeutet werden. Es ist staatsrechtlich – 25 Jahre nach der Wiedererlangung nationaler Souveränität – die Aufgabe des fiskalischen Selbstbestimmungsrechts der Deutschen. Daher stellt sich nicht nur die Frage, warum die gewählten Repräsentanten des deutschen Volkes dieser »Kapitulation ohne Krieg« mit Zwei-Drittel-Mehrheit ihre Zustimmung gaben, sondern ob und wie die Bürger als Träger der Souveränität diesem Prozess Einhalt gebieten können. Ihnen, dem *pouvoir constituant*, bleibt das Widerstandsrecht gem. Art. 20 Abs. 4 GG, also die Befugnis angesichts des Versagens »ihres« Staates, die Dinge selbst in die Hand zu nehmen und zur Verteidigung des deutschen Verfassungsstaats sowie des Selbstbestimmungsrechts der Deutschen Widerstand zu leisten. Dies wäre genau das Gegenteil dessen, was *Carl Schmitt* einst in seiner Habilitationsschrift predigte:

»Der Gedanke, dass das Recht seinem Wesen nach Macht sei, hat seine letzten Wurzeln in der Überzeugung, alles Recht könne nur vom Staate kommen als der höchsten irdischen Gewalt und der stärksten Realität, der ein Mensch gegenüber stehen kann. Vor ihm, vor der umgreifenden, kompakten Macht mit ihrem unpersönlichen Mechanismus und ihrer vernichtenden Tatsächlichkeit erscheint jeder Appell an eine andere Instanz, jede Kritik wie ein unnützes Räsonnement. [...] Ob nun das Staunen über diese Leistung dem Staate gilt, oder ob sich eine vertrauensvolle Freude über die Vernünftigkeit und schließlich Güte der Menschen darin ausspricht, immer liegt das Imponierende des Staates darin, dass die Organisation faktischer Kräfte über jeder Subjektivität steht und in ihrer Totalität jedes Individuum, auch den mächtigsten Despoten, als Werkzeug benutzt, weil sie weit über ihn hinausschreitet.«[89]

Die – abschreckende – Erinnerung an *Carl Schmitt* erscheint insofern legitim, als das Recht – wie das Bundesverfassungsgericht am 12. September 2012 demonstrierte – schließlich doch in der Macht seine Wurzeln hat. Diese Erkenntnis müsste der Weckruf für die Organisation von Bürgermacht werden, die zur Offensive übergeht, um staatliche Ämter von ihren Usurpatoren zu befreien.

Mögen die Bürger nicht warten, bis ihnen die Staatsgewalt in Gestalt einer Volksbefragung suggeriert, um welche Frage es gehe und welche Antwort sie – die Bürger – hierauf zu geben haben. Mögen sie aufhören, ihren Repräsentanten brave Fragen zu stellen, und sie stattdessen mit jener Sentenz konfrontieren, die 1990 das Signal zur Revolution gab: »Wir sind das Volk.«

89 Carl Schmitt, Der Wert des Staates und die Bedeutung des Einzelnen, 2. Aufl., Berlin 2004, Neusatz auf Basis der 1. Aufl., Tübingen 1914, S. 85 f.

An dieser Stelle führt der Weg vorwärts zum Selbstbestimmungsrecht der Völker. Wenn diese gerade gegenüber den Brüsseler Machthabern als Abwehrrecht gegen Fremdherrschaft dienen soll und nur deshalb nicht funktioniert, weil weder Parlament noch Regierung bereit sind, ihre Pflicht und Schuldigkeit zu tun, dürfte der Rekurs des Bürgers auf das Widerstandsrecht gem. Art. 20 Abs. 4 GG alternativlos werden. Warum noch Steuern an einen Finanzminister zahlen, der die Steuerbürger für Ausgaben zur Kasse bittet, die ihnen weder direkt noch mittelbar etwas bringen?

Art. 20 Abs. 4 GG berechtigt zum Widerstand gegen jeden – also auch und gerade die Staatsgewalt – der es unternimmt, die verfassungsmäßige Ordnung zu beseitigen. *In summa* beseitigen der Finanzbeistand für Griechenland, der »ertüchtigte« Rettungsfonds und die EZB-Politik die finanzielle Substanz der verfassungsmäßigen Ordnung. Denn weder die Bundesregierung noch der Deutsche Bundestag sind in der Lage, das Rad zurückzudrehen. Hieß es anfangs noch, Griechenland solle nur einen dreijährigen Überbrückungskredit erhalten, wurden am 11. März 2011 kurzerhand beim Euro-Gipfel von der Bundesregierung eine Prolongation und niedrigere Zinsen beschlossen. Am 21. Juli 2011 erhielt das Land dann für weitere 30 Jahre 109 Milliarden Euro zur Verfügung gestellt, faktisch eine Umschuldung. Am 23. Oktober 2011 ließ die Troika verlauten, dass Griechenland bestenfalls 2020 wieder an den Kapitalmarkt kommen könne und bis dahin mindestens 252 Milliarden Euro benötigen werde. Die Geschehnisse seit dem Sieg von *Syriza* in Griechenland haben uns Deutsche jeglicher Illusion beraubt. Mittlerweile ist ein drittes Griechenlandpaket beschlossen. Gestritten wird nur noch über dessen Höhe. Entsprechend dynamisch entwickelte sich das Volumen der Rettungsfonds.

Umfasste der »Euro-Rettungsschirm« zunächst »nur« ein Garantievolumen von 440 Milliarden Euro, wurde sodann eine »Ertüchtigung« beschlossen auf 780 Milliarden. Euro. Nachdem die Änderung von Art. 136 AEUV[90] rechtskräftig geworden ist, haben EU und Mitglieder der Eurozone eine unlimitierte Ermächtigung zum Finanzbeistand mit unabsehbaren Haftungsfolgen für Deutschland.

	Deutschland	Frankreich	Niederlande
Sicherungszusage*	211 Mrd. Euro	158 Mrd. Euro	44 Mrd. Euro
Bareinlage	22 Mrd. Euro	17 Mrd. Euro	5 Mrd. Euro

* Als Sicherungszusagen wurden insgesamt 780 Mrd. Euro zugrunde gelegt. Die Zahlen basieren auf dem Aufteilungsschlüssel für die finanziellen Beiträge zum ESM. Vgl. dazu: Anlage 1, Verzeichnis der Mitgliedstaaten des Eurowährungsgebiets als Sicherungsgeber mit ihren jeweiligen Sicherungszusagen ab dem Wirksamwerden der Änderungen, geänderter EFSF-Rahmenvertrag sowie das Gesetz zur Änderung des Gesetzes zur Übernahme von Gewährleistungen im Rahmen eines europäischen Stabilisierungsmechanismus (StabMechG-ÄndG), das am 9.10.2011 im BGBl. verkündet wurde.

	Österreich	Finnland	Luxemburg
Sicherungszusage	22 Mrd. Euro	14 Mrd. Euro	2 Mrd. Euro
Bareinlage	2 Mrd. Euro	1 Mrd. Euro	0,2 Mrd. Euro

Parlamentarier, die dem zustimmten, verspürten scheinbar Lust am Untergang. Deshalb haben zwei Verfassungsbeschwerdeführer an alle MdB am 14. März 2011 einen Appell versandt;[91] damit niemand im Nachhinein behaupten möge, das Parlament habe nicht gewusst, was es mit welchen Konsequenzen beschließe.

90 »Die Mitgliedstaaten, deren Währung der Euro ist, können einen Stabilitätsmechanismus einrichten, der aktiviert wird, wenn dies unabdingbar ist, um die Stabilität des Euro-Währungsgebiets insgesamt zu wahren. Die Gewährung aller erforderlichen Finanzhilfen im Rahmen des Mechanismus wird strengen Auflagen unterliegen.«

91 Henkel/Kerber, Die große Chance des Deutschen Bundestages.

Nicht nur die Veruntreuung von Bürgerinteressen durch die Europapolitik der Bundesregierung ist ein Symptom für die Pathologie der Deutschen Republik. Das Kartell der Großen Koalition veranschaulicht den Zustand des deutschen Parlamentarismus. Deutschland ist nicht nur ein Land ohne Regierung[92], sondern ein Land ohne parlamentarische Opposition. Den Grünen geht die Transfer-Logik von *Merkel/Schäuble* nicht weit genug. Die SPD scheint bislang nicht einmal entdeckt zu haben, dass ihre ureigene Wählerschaft von den fiskalischen Folgen dieser Politik am schnellsten betroffen sein wird.

Im Übrigen scheint auf die feierlichen Zusagen der Politik kein Verlass mehr zu sein. Die Bürger haben hierauf zu Unrecht vertraut. Die Folge: Aus dem Misstrauen gegenüber der politischen Klasse ist Abneigung geworden.

Neben der anfangs bereits erwähnten Rechtlosigkeit der Regierung, über die steuerliche Hoheit und das fiskalische Selbstbestimmungsrecht des deutschen Volkes zu verfügen, gehört hierzu die Selbstachtung des Bürgers; jene Selbstachtung, einer Regierung die Stirn zu bieten, die – die Vermögensinteressen des deutschen Volkes missachtend und seine Fiskalsouveränität verschenkend – auch noch meint, Anerkennung für die Euro-Rettung zu verdienen und in der *European Hall of Fame* einen Platz sicher zu haben. Nein, dies soll ihr nicht gelingen. Wenn die Europapolitik der *Merkel-Schäuble*-Regierung nichts anderes als Trug und Täuschung darstellt, ist die Antwort des europäischen Deutschlands hierauf von nun an: aktiver Widerstand. Denn Deutschland gehört seinen Bürgern und nicht nur einer sich selbst genügenden Clique von Parteipolitikern.

92 Kerber, Dankt die Republik ab?, Gazette, Heft 31 – Herbst 2011.

Doch was tun? Womit beginnen? Zunächst mit der Erkenntnis, dass weder mit dieser Regierung Staat zu machen ist, noch mit dem gesamtpolitischen System Deutschlands auch nur die fundamentalsten Gefahren für seine fiskalische Souveränität, also sein Recht über eigene Ressourcen selbst zu bestimmen, gegen die EZB verteidigt werden können. Denn der Vorgang, zu dem die Bundesregierung unter Beifall der Grünen alle politischen Energien einsetzt, ist die europäisch-friedliche Version eines *Finis Germaniae*: Im Namen Europas zur angeblichen Sicherung der Finanzstabilität der Eurozone wird das geopfert, worauf Deutschland seit 1949 vierzig Jahre gewartet hat und worauf es seit 1990 wieder stolz sein kann: Souveränität, also das Selbstbestimmungsrecht der Deutschen! Wurde bislang der Bundestag vor jedem Eurorettungskredit noch gefragt, ist diese Abstimmung bei Maßnahmen der EZB – obschon sie ökonomisch äquivalent sind – nicht möglich. Die Unabhängigkeit der EZB schlägt voll zurück. Wehren sich die Bürger nicht schnell und massiv gegen das Umverteilungsmonster EZB, wird alles im Kollaps enden. Weder der Euro-Abenteurer *Schäuble* noch die EZB-Führung unter *Draghi* und *Coeuré* werden freiwillig zugeben, dass das Euro-Projekt nicht durchzuhalten ist. Sie werden alles daran setzen, – wie die Hilfe für griechische Bankrottbanken zeigt – um an der Macht zu bleiben. Von der EZB gehen also kurzfristig die größten Gefahren für Freiheit und Wohlstand aus. Denn sie schert sich einen Dreck um Recht und Regeln und handelt wie ein souveräner Diktator.

Doch wir Deutschen spüren seit langem und wissen spätestens seit dem OMT-Beschluss sowie dem QE-Programm, dass das Euro-Experiment unwiderruflich gescheitert ist; es sei denn, man ist allen Ernstes bereit, die Veranstaltung namens Deutschland abzupfeifen und die Entscheidung über deutsche Ressourcen – wie von *Draghi* vorgeschlagen – einem europäischen Finanzminister zu übertragen. Indessen sind wir deutsche Bürger nicht wehrlos, wenn es darum geht, das fiskalische Selbstbestimmungsrecht zu verteidigen. Denn es gibt beeindruckende Zeitzeugen, die die europäische Integration stets als das Zusammenwirken souveräner Völker wollten, die Europa als Konförderation der Nationen und nicht als Bundesstaat konzipierten. Was hätte der große *de Gaulle* über sein nicht ebenbürtig großes Frankreich gesagt, wenn eine Troika aus EZB, EU-Kommission und IWF der *République Française* vorgeschrieben hätte, wann und wieviel gespart werden muss?

Es gilt also, daran zu erinnern, dass die europäische Integration stets im Einklang mit dem Selbstbestimmungsrecht der Völker stand. Also muss die schleichende Entzweiung von europäischer Integration und Selbstbestimmungsrecht der Nationen beim Namen genannt werden, um die Verirrung der EU in Gestalt der EZB bloßzustellen.

Knüpfen wir konkret an das Selbstbestimmungsrecht der europäischen Nationen an. Was bedeutet es für die Gestaltung der gegenwärtigen Eurokrise?

Nur wer im Unterschied zur Koalition der Euroretter die Realität nicht länger verdrängt, hat verstanden, dass das Euro-Experiment mit den gegenwärtigen Teilnehmern der Eurozone schon deshalb gescheitert ist, weil es das Selbstbestimmungsrecht der Euromitglieder – der Transfernehmer wie der Transfergeber – mit jedem neuen *bail-out* und immer unkonventionelleren Maßnahmen mehr beseitigt. Wenn wir die EZB bei der Politik der Währungszerstörung gewähren lassen, werden wir am Ende alle von der Troika regiert.

Was folgt daraus? Entweder bricht man unverzüglich mit dem Tabu, dass Mitglieder der Eurozone nicht austreten können und ihnen hierbei – auch finanziell – geholfen wird. Oder es bleibt als *ultima ratio* nur noch der Austritt der Leistungsbilanzüberschussländer wie Deutschland, Niederlande, Finnland und Österreich zwecks Gründung einer Währungsunion, der weitere Länder beitreten können. Dies will im Einzelnen bedacht und genau geplant werden. Aber einen solchen *Plan B* zu haben, gehört zu den dringendsten Aufgaben deutscher Politik.[93]

Doch jenseits aller Details der Fachpolitik gilt es jetzt, mit geballter Bürgermacht eines zu fordern: Dass die Bürger endlich darüber abstimmen können, worüber Bürokraten, Regierungen und die Banker der EZB – entgegen den Unionsverträgen – permanent entscheiden: der Änderung der EWU von einer Stabilitätsunion zu einer Haftungsgemeinschaft (Schuldenunion), den Wandel des Euro vom Gläubiger- zum Schuldnergeld, der EZB von einer Zentralbank mit begrenztem Mandat zu einer Fiskalregierung mit unbegrenzten Vollmachten.

Eine von Bürgern initiierte Volksabstimmung über das Euro-Projekt – das sich zum Finanzabenteuer entwickelt hat – ist also die Forderung des Tages. Jeder Tag, der vergeht, ohne dass die Bürger darüber abstimmen, ob Griechenland wieder Geld bekommt, ob die EZB weiter Anleihen zweifelhafter Bonität kauft und ob Herr *Juncker* Eurobonds durch die Hintertür einführen darf, ist eine Niederlage für die Demokratie.

Europa steht am Scheideweg. Soll das Einigungswerk nicht scheitern, muss der Euro schnellstens begraben und die EZB liquidiert werden. Denn die Europäische Union endet im Abgrund, wenn sie für den Euro die Demokratie opfert und damit die Bürger verliert.

Unvergessen sind die Worte des deutschen Dichters *Stefan Heym* im damaligen Ostberlin. Er sagte 1990, an eine aufgewühlte Volksmenge gewandt:

---

93 Vgl. hierzu Kerber, Mehr Wettbewerb wagen, 2. Auflage, Stuttgart, erscheint im Herbst 2015.

»Wir haben in diesen letzten Wochen unsere Sprachlosigkeit überwunden und sind jetzt dabei, den aufrechten Gang zu erlernen.«[94]

Damit war jener Prozess beschrieben, bei dem die Deutschen in der DDR individuell zu Mutbürgern geworden sind, um dem Zwangsstaat Widerstand zu leisten.

Carl Schmitt wähnte das Recht und seine Anwendung beim Staat in guten Händen. Für ihn war dagegen das Individuum eine Nebenfigur:

»Denn entweder ist der Staat ein Diener des Individuums oder des Rechts. Da nur das letzte richtig ist, so ist der Staat, wie das Recht vor ihm, so er vor dem Individuum da und wie sich die Kontinuität des Staates dem Rechte ergibt, so fließt die Kontinuität des Individuums, das im Staate lebt, nur aus dem Staat.«[95]

Damit bereitete *Schmitt* – wohlkalkuliert – den Boden für den Gewaltstaat vor. Wir stehen heute vor der Herausforderung, dem eigenen Staat nicht länger zu gehorchen, um ihn daran zu hindern, unsere unveräußerlichen Bürgerrechte, einem Brüsseler Zentralstaat und einem Umverteilungsmonster namens EZB zu verpfänden.

Ganz im Gegensatz zu *Carl Schmitt* kommt es hierbei auf den Wert des Einzelnen und eben nicht auf die Bedeutung des Staates an. Diese Erkenntnis markiert die Geburtsstunde der Bürgermacht.

---

94 Stefan Heym, Als habe einer die Fenster aufgestoßen, Rede vom 4.11.1989, Berlin Alexanderplatz, unter: http://www.dhm.de/archiv/ausstellungen/4november1989/heym.html

95 Ebd. S. 86.

Deutscher Bundestag
Petitionsausschuss
c/o Dr. Reinhold Waldmann (Sekretär des Petitionsausschusses)
Platz der Republik 1
11011 Berlin

PETITION

Aufforderung an die Bundesregierung zur Durchführung einer Volksabstimmung

Wir Bürger wollen über das Schicksal des Euros abstimmen

Hiermit fordere ich

Frau/Herr: ______________________________

Titel: ______________________________

Vorname: ______________________________

Name: ______________________________

Unterschrift: ______________________________

E-Mail: ______________________________

Anschrift: ______________________________

dass ich als Bürger über die die Fortführung der Währungsunion abstimme.

Anlage

Europäische Zentralbank
Bankenaufsicht
Vorsitzende des Aufsichtsgremiums
Frau Danièle Nouy
Sonnemannstrasse 20
60314 Frankfurt am Main

Per Gerichtsvollzieher

Berlin, den 2.4.2015

Betrifft: Alpha Bank A.E., Eurobank Ergasias, National Bank of Greece S.A., Piraeus Bank S.A.

Sehr geehrte Frau Vorsitzende,

ich wende mich an Sie, um Auskunft zu erbitten über die Ausübung der Ihnen durch die Verordnung (EU) Nr. 1024/2013[1] des Rates vom 15.10.2013 übertragenen Aufgabe im Zusammenhang mit der Aufsicht über Kreditinstitute durch die Europäische Zentralbank.

1. Ausweislich der von Ihrem Hause mit Datum vom 15.1.2012 herausgegebenen Liste unterliegen die vorgenannten Kreditinstitute Griechenlands sämtlich der Kategorie von Banken, die von der EZB direkt beaufsichtigt werden[2]. Die genannten Kreditinstitute sind auch Gegenstand

[1] Verordnung (EU) Nr. 1024/2013 des Rates vom 15. Oktober 2013 zur Übertragung besonderer Aufgaben im Zusammenhang mit der Aufsicht über Kreditinstitute auf die Europäische Zentralbank (SSM-Verordnung).
[2] **Anlage 1**, EZB, Liste bedeutender beaufsichtigter Unternehmen und Liste weniger bedeutender Institute

10178 Berlin
Hackescher Markt 4
Tel.: 030-843 14 136
Fax.: 030-843 14 137

Mobil: 00 49–172-393 53 12
E-mail: mckerber@europolis-online.org
Internet: www.europolis-online.org

75016 Paris
25 bis rue Jasmin
Tel.: 00 33-1-76 90 68 77
Fax: 00 33-1-40 50 68 77

des sogenannten *comprehensive risk assessment* gewesen[3], das Ihr Haus zusammen mit der European Banking Authority (EBA) durchgeführt hat und dessen Ergebnisse im Oktober 2014 veröffentlich wurden. Hiernach wiesen drei der oben genannten Banken eine nominelle Kapitallücke auf. Die Eurobank Ergasias und die National Bank of Greece konnten selbst nach neu eingeworbenem Kapital ihre Lücke nicht schließen und waren somit durchgefallen. Indessen wurde von Ihrem Hause das Fortbestehen der operativen Gewerbeerlaubnis nicht in Frage gestellt.

a) In Folge der Ungewissheit über das Fortbestehen eines Länderprogramms für Griechenland hat die Europäische Zentralbank die Refinanzierung von griechischen Staatsanleihen pauschal suspendiert[4]. Gleichzeitig hat sie den Ermächtigungsrahmen für Notkredite (*emergency liquidity assistance*), der von der griechischen Zentralbank den im Betreff genannten Banken gewährt wird, auf knapp 72 Milliarden Euro ausgeweitet[5]. Einher mit dieser Ausweitung des ELA-Ermächtigungsrahmens geht die Refinanzierung der oben genannten Banken bei der griechischen Zentralbank eingereichten kurzfristigen griechischen Staatsanleihen zur Erlangung von Liquidität.

b) Der Unterzeichner hat mit Schreiben vom 18.2.2015[6] an ein Mitglied des Direktoriums der EZB die Frage gestellt, warum sich die EZB bei ihrer ELA-Praxis gegenüber Griechenland nicht an die EZB-eigenen ELA-Richtlinien von maximal 2 Milliarden Euro pro Kreditinstitut hält. Eine Antwort steht bislang noch aus. Wie Sie wissen, dürfen ELA-Mittel von einer nationalen Zentralbank nur bei Liquiditätsengpässen gewährt werden, sind indessen als Ausreichung an insolvente Banken unzulässig. Ob die in der Betreffsache genannten Banken noch solvent sind oder bereits neben der Insolvenz eine Überschuldung eingetreten ist, hängt von der Werthaltigkeit der Forderungen ab, die diese

---

[3] **Anlage 2**, EZB, Report on comprehensive risk assessment, October 2014.
[4] **Anlage 3**, ECB, Decision (EU) 2015/300 of the ECB of 10 February 2015 on the eligibility of marketable debt instruments issued or fully guaranteed by the Hellenic Republic (ECB/2015/6).
[5] **Anlage 4**, vgl. Handelsblatt vom 1.4.2015, EZB lässt Geldhahn für Hellas-Banken offen, unter: http://www.handelsblatt.com/politik/konjunktur/geldpolitik/ela-liquiditaetshilfen-ezb-laesst-geldhahn-fuer-hellas-banken-offen/11590244.html
[6] **Anlage 5**, Schreiben des Unterzeichners an Prof. Dr. Peter Praet, Direktoriumsmitglied und Chef der volkswirtschaftlichen Abteilung der EZB.

Banken gegen den griechischen Staat haben. Indessen ist angesichts der angespannten Liquiditätslage Griechenlands fraglich, ob diese Forderungen gegen den griechischen Staat werthaltig sind.

c) Auf dem Markt für Versicherungsprämien für Kreditausfallversicherungen ist es schwer, überhaupt entsprechende Versicherungspolicen für die im Betreff genannten Banken zu finden. Bedeutende Stimmen sind mit dem Unterzeichner der Meinung, dass nach der Einschätzung des *credit default swap market* die Risiken der vorgenannten Banken gar nicht mehr zu versichern sind[7].

d) Während also gegenwärtig Einleger der vorgenannten Banken in Milliardenhöhe Abhebungen vornehmen und auch die Versicherungsmärkte, ganz zu schweigen von den Kapitalmärkten, den vorgenannten Banken keinerlei Kredit mehr gewähren, scheint die EZB nicht gewillt zu sein, die Ermächtigung für eine Liquiditätsnothilfe zu begrenzen oder gar zurück zufahren. Mehr noch, der Präsident der EZB hält die Solvenz der griechischen Banken für gegeben und erhöht das Volumen der Notkredite im Rahmen der ELA[8]. Die Gefahr, die dadurch entsteht, ist einfach beschrieben. Die vier genannten Kreditinstitute werden Zombiebanken, also Kreditinstitute, die zwar auf dem Papier noch bestehen, die allerdings weder eigenkapitalmäßig noch liquiditätsmäßig nach Solvenzkriterien hinreichend ausgestattet sind, um im Kreditgewerbe tätig zu bleiben. Für eine latente Insolvenz der Banken spricht indessen, dass ihr Eigenkapital aus Steuerforderungen gegen den griechischen Staat (*Deferred Tax Assets – DTA*) besteht. Diese werden nach der Praxis der EBA nur dann als Eigenkapital angesehen, wenn die Regierung die Summe dieser Steuerforderungen bar und nicht in Form von Staatsanleihen hinterlegt hat.

---

[7] Vgl. z.B. Felsenheimer, Geschäftsführer des Münchner Vermögensverwalters Xaia, in der FAZ vom 19.3.2015, Der Markt hat die griechischen Banken abgeschrieben, unter: http://www.faz.net/aktuell/finanzen/anleihen-zinsen/schulden-der-markt-hat-griechen-banken-aufgegeben-13493907.html

[8] So Draghi auf der Pressekonferenz der EZB in Nicosia am 5.3.2015, in „Introductory statement to the press conference (with Q&A)".

2. Gemäß Art. 4 der Verordnung (EU) 1024/2013 des Rates vom 15. Oktober 2013 wendet die EZB im Rahmen ihrer Aufsichtsfunktion gem. Art. 4 Abs. 3 das einschlägige Unionsrecht an. Dies bedeutet, dass Ihre Behörde die Eigenkapitalregeln für Banken (*Basel III*) in Gestalt der *capital requirements directive (CRD-IV-Paket)* auf die vorgenannten vier griechischen Kreditinstitute anwendet. Dies umfasst einerseits die hierzu ergangene Verordnung (EU) Nr. 575/2013 des Europäischen Parlaments und des Rates vom 26. Juni 2013 über Aufsichtsanforderungen an Kreditinstitute und Wertpapierfirmen und zur Änderung der Verordnung (EU) Nr. 646/2012 (Amtsblatt der EU vom 27.6.2013, L 176/1) sowie des Weiteren die ggf. in nationaler Regie – also durch Griechenland – ergangene Umsetzungsgesetzgebung für die Richtlinie 2013/36/EU des Europäischen Parlamentes und des Rates vom 26.6.2013 über den Zugang zur Tätigkeit von Kreditinstituten und die Beaufsichtigung von Kreditinstituten und Wertpapierfirmen, zur Änderung der Richtlinie 2002/87/EG und zur Aufhebung der Richtlinien 2006/48/EG und 2006/49/EG (Amtsblatt der EU vom 27.6.2013, L 176/338).

In jedem Fall ist Ihre Behörde verpflichtet, unverzüglich das Eigenkapital, die Liquidität, die maximale Verschuldungsquote sowie das Kontrahentenrisiko der vier genannten griechischen Banken zu untersuchen. Des Weiteren sind sie verpflichtet, die Angemessenheit des internen Kapitals der Kreditinstitute (Art. 63 der vorgenannten Richtlinie vom 26.6.2013)[9] sowie die Existenz eines ausreichenden Kapitalpuffers im Sinne von Art. 128 der vorgenannten Richtlinie zu untersuchen. Dass Griechenland – einmal mehr – es unterlassen hat, die vorgenannte Richtlinie umzusetzen, dispensiert die EZB nicht davon, die Bestimmung der einschlägigen Verordnung, als auch die Rechtsgrundsätze der vorgenannten Richtlinie unmittelbar in Anwendung zu bringen, auch wenn dies ggf. zu einem Konflikt mit der griechischen Zentralbank führen könnte. Angesichts der in den Anlagen dargestellten finanziellen Situation der vier genannten griechischen Kreditinstitute würde ein Unterlassen der Untersuchung der vorgenannten Gesichtspunkte schwere Amtspflichtverletzungen nach sich ziehen. Vor diesem Hintergrund sind die Äußerungen von Ihnen, sehr geehrte Frau Vorsitzende, so wie Sie von der

[9] Genauso wie Art. 108 derselben Richtlinie.

Presse über Ihren Vortrag im Hause der Bundesbank am 27.3.2015 berichtet werden, wonach die vorgenannten griechischen Institute noch solvent seien, mit rationalen Maßstäben kaum noch nachvollziehbar.[10]

3. Die von der Richtlinie 2014/59/EU des Europäischen Parlaments und des Rates vom 15.05.2014 festgelegten Voraussetzungen für eine Abwicklung gem. Art. 32 der besagten Verordnung („failing or likely to fail") könnten für die vier genannten Banken erfüllt sein. Denn die stetige Weigerung der griechischen Regierung das Länderprogramm Griechenlands zu den von der Troika festgesetzten Konditionen wiederaufzunehmen und auf diese Weise Liquidität durch weitere Kredite zu erhalten, lässt es wahrscheinlich erscheinen, dass alle vier Banken nach vernünftigem Ermessen unter Zugrundelegung der gegenwärtigen Lage ausfallen werden.

Im Hinblick auf die mit einem solchen Ausfall verbundenen Schwierigkeiten frage ich weiterhin, ob Sie gem. des Leitfadens zur Bankenaufsicht, insbesondere des Grundsatzes Nr. 9 (effektive und zeitnahe Korrekturmaßnahmen), die im Betreff genannten vier Banken aufgefordert haben, einen Solvenznachweis zu führen oder ihre Geschäftspolitik zu ändern. Sollten Sie dies nicht getan haben bzw. sollten die vorgenannten Banken nicht in der Lage sein, einen Solvenznachweis zu erbringen, so wäre die EZB-Bankenaufsicht verpflichtet, die Abwicklung der vier Institute vorzubereiten. Dabei kommt Ihrem Aufsichtsgremium die besondere Verantwortung zu, dem Direktorium der EZB ggf. dem EZB-Rat auf die Pflichten hinzuweisen, die dem Aufsichtsgremium aufgrund der Verordnung (EU) Nr. 1024/2013 des Rates vom 15.10.2013 zukommen. Hierzu würde sicherlich gehören, dass die EZB es zu unterlassen hat, durch Gewährung einer ELA-Kreditlinie, die weit über die Grenzen der von der EZB selbst herausgegebenen ELA-Richtlinie hinausgehen, die Insolvenz der im Betreff genannten Kreditinstitute in Griechenland zu verschleppen.

[10] Vgl. FAZ vom 28.3.2015, S. 19, Griechen räumen Milliarden Euro von Bankkonten, unter: http://www.faz.net/aktuell/wirtschaft/eurokrise/griechenland/griechen-heben-weiter-geld-ab-bankeinlagen-sinken-13511038.html

Demnach liegen faktische Gründe vor, aus denen sich erhebliche Zweifel an der nachhaltigen Solvenz der vorgenannten Kreditinstitute ergeben. Daher vertrete ich entschieden die Auffassung, dass es die Verpflichtung Ihres Gremiums wäre, dem EZB-Rat immediat und ohne jegliche weitere Verzögerung die Notwendigkeit der Abwicklung der oben genannten Banken vorzuschlagen. Sollten Sie sich indessen dieser Obliegenheit entziehen, würden Sie sich dem Vorwurf aussetzen, einer Pflicht, tätig zu werden, nicht nachzukommen. Eine Untätigkeitsklage gem. Art. 265 AEUV gegen die EZB wäre die unmittelbare Folge.

Informandi causa weise ich darauf hin, dass ich der Verfahrensbevollmächtigte in der Verfassungsbeschwerde gegen die Bankenunion (Az.: 2 BvR 1685/14) vor dem Bundesverfassungsgericht bin.

In Erwartung Ihrer geschätzten Antwort

Prof. Dr. iur. Markus C. Kerber

Anlagen:

- Anlage 1 – EZB, Liste bedeutender beaufsichtigter Unternehmen und Liste weniger bedeutender Institute

- Anlage 2 – ECB, Report on comprehensive risk assessment

- Anlage 3 – Decision (EU) 2015/300 of the ECB of 10 February 2015 on the eligibility of marketable debt instruments issued or fully guaranteed by the Hellenic Republic (ECB/2015/6)

- Anlage 4 – EZB lässt Geldhahn für Hellas-Banken offen, Handelsblatt vom 1.4.2015

- Anlage 5 – Schreiben des Unterzeichners an Prof. Dr. Peter Praet, Chef der volkswirtschaftlichen Abteilung und Mitglied des Direktoriums der EZB.

Edition EuroPOLIS

Nr. 2 der Schriften zur europäischen Wirtschaftspolitik und zum europäischen Wirtschaftsrecht

Diese Klage vor dem Gericht der Europäischen Union dokumentiert den unbedingten Willen, der Erosion der Europäischen Währungsunion als Rechtsgemeinschaft Grenzen zu ziehen. Zwar ist im gegenwärtigen Stadium noch offen, ob und wie sich das Gericht mit den erhobenen Vorwürfen gegen die EZB auseinander setzen wird. Gewiss ist jedoch, dass die auf Veranlassung von *Jean-Claude Trichet* getätigte Politik des Anleihenkaufs sowie der Aussetzung der Bonitätsschwellenwerte für griechische, irische und portugiesische Staatsanleihen in bisher unvorstellbarem Maße nicht nur die Unionsverträge (insbesondere Art. 123 – 125 AEUV sowie Art. 127, 130 AEUV) verletzt, sondern auch die Stabilitätskultur in monetären Fragen nachhaltig schädigen kann. Es ist daher an der Zeit, die Inkongruenz zwischen Herrschaft und Haftung in der EZB mittels einer Mobilisierung des Bürgers **durch** und **zum Schutz** europäischer Institutionen wieder herzustellen. Setzt sich das Gericht nicht mit den Vorwürfen gegen die EZB auseinander, wäre dies der Anfang vom Ende der Europäischen Union als Rechtsgemeinschaft.

Markus C. Kerber: Die EZB vor Gericht
ca. 48 Seiten, kartoniert, 15,00 €
ISBN 978-3-8282-0556-7, ISSN 2190-9709

Bereits erschienen:
Markus C. Kerber: Der Verfassungsstaat ist ohne Alternative
200 Seiten, kartoniert, 27,00 €
ISBN 978-3-8282-0520-8, ISSN 2190-9709

Bestellung bitte über eine Buchhandlung oder direkt bei

Brockhaus Commission
Postfach
70803 Kornwestheim
Tel.: 07154/13 27-37
Fax: 07154/1327-13
eMail: lucius@brocom.de

Über den Autor

Prof. Dr. Markus C. Kerber ist Professor für öffentliche Finanzwirtschaft und Wirtschaftspolitik an der Technischen Universität Berlin. Seit 2006 ist er Gastprofessor für Verteidigungsökonomie am I.E.P. Paris. Von 1998 bis 2001 war er Gastdozent an der Führungsakademie der Bundeswehr. Seit 1991/92 ist Kerber Rechtsanwalt und Unternehmensberater in Berlin, Paris und London. Er veröffentlicht regelmäßig Schriften zur öffentlichen Finanzwirtschaft und Unternehmensfinanzierung sowie zum Gesellschaftsrecht, Kartellrecht und Europarecht. 2005 gründete er den think tank Europolis.

Sie erreichen den Autor unter:
mckerber@europolis-online.org

Anschrift:
Technische Universität Berlin,
Fakultät VII Wirtschaft und Management,
Sekr. H58, Str. des 17 Juni 135,
10623 Berlin

Die großen Crashs 1929 und 2008

Barry Eichengreen

Die Ursachen der beiden größten ökonomischen Katastrophen in den letzten 100 Jahren – die Weltwirtschaftskrise in den 1930er-Jahren und die Finanzkrise seit 2008 – gleichen einander wie ein Ei dem anderen. Beide entstanden infolge eines krassen Kreditbooms, dubioser Bankpraktiken sowie eines fragilen Finanzsystems. Und doch beriefen sich die Entscheidungsträger auf die falschen Lektionen, sodass die Krise nach mehr als sechs Jahren noch immer nicht ausgestanden ist.

Barry Eichengreens *Die großen Crashs 1929 und 2008* ist DAS neue Hauptwerk der Wirtschaftsgeschichte und zeigt auf, welche Schlussfolgerungen aus der Geschichte der Großen Depressionen gezogen werden müssen, ehe dieselben Fehler in der nächsten Krise erneut gemacht werden. Kein anderes Werk erklärt die Geschichte der zwei größten Krisen umfassender und gibt weitreichendere Antworten. Ein monumentales Epos von einem der einflussreichsten Ökonomen der Welt.

560 Seiten | Hardcover | 34,99 € (D) | ISBN 978-3-89879-890-7

Des Bankers neue Kleider

Anat Admati | Martin Hellwig

In den letzten Jahren dominiert ein Thema die Schlagzeilen: die Finanzkrise und die maroden Banken. Und wer bezahlt, wenn mal wieder eine Bank aus dem Ruder läuft ? Die Sparer und die Steuerzahler! Trotzdem schaffen es die Bank-manager immer wieder, sich strengeren Reglements zu entziehen, und tischen dafür die aberwitzigsten Argumente auf. Anat Admati und Martin Hellwig untersuchen diese »modernen Märchen« und kommen eindeutig zu dem Schluss, dass es keineswegs notwendig ist, die Vorzüge des Systems zu opfern, um die Banken gesünder und sicherer zu machen.

528 Seiten | Hardcover | 24,99 € (D) | ISBN 978-3-89879-825-9

Warren Buffett - Das Leben ist wie ein Schneeball

Alice Schroeder

Warren Buffett! Ein Name, der in der Finanzwelt auf dem gesamten Erdball seit Jahrzehnten Staunen, Achtung, Verwunderung, Neid, Ungläubigkeit und bewunderndes Kopfschütteln hervorruft. Hinter diesem Namen steht ein US-amerikanischer Selfmademan und Multimilliardär wie er im Buche steht! Ein Mann, der mit den Reichen und Mächtigen der Welt verkehrt und dessen mehrdimensionaler Charakter nun in einer detailreichen Biographie ausgeleuchtet wird.

Dazu verbrachte er unzählige Stunden mit der Autorin Alice Schroeder bei der Beantwortung von Fragen zu seiner Frau, seinen Kindern, zu seinen Geschäftspartnern und Freunden, gab bereitwillig Auskunft zu seiner Kindheit, öffnete seine Fotoalben, gewährte tiefe Einblicke in seine Arbeit, seine Denkweise, seine Kämpfe und Triumphe, legte aber auch seine Torheiten offen.

1152 Seiten | Broschur | 19,95 € (D) | ISBN 978-3-89879-602-6